Das Bielefelder Kochbuch

VERLAG FÜR DRUCKGRAFIK HANS GIESELMANN

Der Anfang

Düsseldorfer Monathefte XI. Band N° 25.

Lith. Inst. v. Arnz & C° in Düsseldorf.

Untrügliches Recept um Fische zu erhalten.

Man nehme eine Stange mit einer Schnur, befestige an der einen Seite einen Wurm an der andern einen Narren.

Wir wünschen allen Lesern und Nutzern dieses Kochbuches viel Vergnügen, problemloses Zubereiten und guten Appetit!

Im Namen der Redaktion von Radio Bielefeld

Martin Knabenreich
Chefredakteur

Jutta Küster
Redakteurin

Inhaltsverzeichnis

Mein Lieblingsrezept

Fische esse ich allenfalls dann ganz gern, wenn er einmal nicht und in ... heute ... über den ... beachtende langen Gräten zu befürchten brauche. Daher ist mir ... Herings... von der NORDSEE oder – weil ... den ... gebracht und dadurch ... – ein Fischstäbchen von ALDI allemal sympathischer als ... delikate ... aus dem Schwarzwald oder erotisch gewürzte Piranhas aus Patagonien vom Grill.

Ansonsten graust mir beim Fischessen an ... nicht wenig ... viel.

So war es im Café de Flore in Paris; im Großauge dem ... Jean Louis Barrault, als ... Stück Butterbrot, ... mit deutsche Papier... und ... sichtlicher ... verschlang. Das beeindruckte. ... des Hotel ... an diese ... Scheußlichkeit, um dann von mir ... postpubertär ... Theaterästhetisch näher zu kommen. Das misslang. Denn auch nach diesem Versuch ist für mich die Schönheit jener Aufführungen stets ein großes Rätsel geblieben. Denn ... einst in Hamburg – und wisst ihr ... in Kiel – bei lebendige Sprotten ... um jüngere Praktikanten des Rowohlt-Verlages zu imponieren. Auch das war mir ... Dann ... die ... abschließend im Ekel von mir ab.

Manche vorbehalte gegen Fische wollen daher durchaus ... manch feste ... Theatralische und erotische Gründe. Rezepte für Fischgerichte sollte man von ... erbitten, die ... sichergestellt, ... die ... Ende noch mitverstehen ...

26.09.02   Horst Annecke –.

Dr. Horst Annecke, gebürtiger Berliner, pensionierter Banker, lebt seit 40 Jahren in Bielefeld. Er ist verheiratet, hat zwei Söhne, zwei Enkel und arbeitet als Rechtsanwalt und – ehrenamtlich seit Jahren – als Ratsherr für die CDU. Anneckes Schwerpunkt ist Kultur und Kunst, er ist Mitglied in vielen Organisationen, u. a. *Kuratorium Theaterstiftung* und Vorsitzender der *Literarischen Gesellschaft OWL*.

Pangasius im Zucchini – Kartoffelmantel

Rezept für 2 Personen

350 gr. Pangasiusfilet

1 Kartoffel	1/2 Zwiebel fein geschnitten
1/2 Möhre	1 Ei
1 Zucchini	1 Eigelb, Dill

Salz, Pfeffer, Olivenöl, Küchenpapier

Die Zucchini in lange feine Streifen schneiden salzen, kurz Wasser ziehen lassen und gut mit Küchenpapier trocken tupfen.

Den Pangasius waschen, gut trocken tupfen, in 4 Portionen teilen, mit Salz und Pfeffer würzen und in einer Pfanne mit Olivenöl von beiden Seiten anbraten. Aus der Pfanne nehmen und das Fett abtupfen. Die Kartoffel schälen und auch in feine lange Streifen schneiden, die Möhre auch. Die Kartoffel-Möhren und Zucchinistreifen vermischen. Zwiebel, Dill, Ei und Eigelb verquirlen und mit den ganzen Streifen vermischen. Mit Salz und Pfeffer abschmecken. Die Fischstücke mit den Gemüsestreifen umhüllen und bei kleiner Flamme langsam in Olivenöl fertig braten.
Dazu passen frische Salate.

K. H. Austmann

Karl-Hermann Austmann ist seit rund 30 Jahren Küchenchef im Dornberger *Kreuzkrug*. Gemeinsam mit Frau Heike und Sohn Stefan (Sohn Christoph ist Tischler) führt der Koi-Liebhaber das Traditionshaus in fünfter Generation. In seiner Freizeit fährt Austmann Motorrad und pflegt seine Modelleisenbahn.

Schollenfilets, gefüllt mit Matjes

Wir brauchen an Material: 2 Schollenfilets, ganze Scholle ohne schwarze Haut, 1 Sherry-matjes, reichlich feinstgehackte Zwiebel, sehr feingehackter durchwachsener Speck

Butter, Olivenöl, verschiedene Kräuter und Gewürze, 4 Scheiben Tomate, Zitrone

Alu-Folie

Die 4 Schollen-filets in Zi-tronensaft 5 Minuten marinieren

Beilage Kartoffeln

mit Papier trocknen, mit Olivenöl einpinseln. Jeweils 1 Schollenfi-let mit ½ Matjes belegen. Darauf 1 Schicht feinstgehackte Zwiebel, die vorher in Butter glasig angedünstet wurde. Mit Kräutern und Gewürzen nach Wunsch bestreuen. Dann das 2. Schollenfilet jeweils daraufegen. Jeweils 2 Scheiben Tomate auflegen. Würze und Kräuter nach Wunsch darüberstreuen

Soße: Speck in etwas Olivenöl andünsten, Zwiebel dazugeben und ziehen lassen. Mit Wasser aufgiessen, dann reduzieren lassen, Butter und Creme fraiche dazugeben. Mit Pfeffer und Meer-rettich würzen.

Fisch in der Alufolie ca. 20 min bei 160° garen

Werner Bartling, Jahrgang '48, Bielefelder Urgestein, behauptet: „Ich kann nur Fisch und Hummer". Der weit bekannte und ausgezeichnete Koch-Künstler liebt u. a. Kunst und Kitsch, Tand und Trödel, gutes Essen, leckere Weine und besonders seine „Schöne".

Gewürzter Backfisch mit Gemüse
für 4 Pers.   (portugiesische Art)

man nehme:
1 EL Kreuzkümmelsamen
4 Knoblauchzehen
1 kleiner frischer roter Chili
Koriandergrün, grob gehackt
1 TL Salz,   1 EL Zitronensaft   ÖEL Öl
   (natürlich das hervorragende portugiesische)
1,5 kg ganzer Fisch (Barsch, Seeteufel
oder 2 × 750 g Dorade (schmeckt
prima und ist leichter zu erwerben)
2-3 Tomaten
450 g neue Kartoffeln, in Scheiben
100 g grüne (port!) Oliven, entsteint
und halbiert

1. Kreuzkümmelsamen in einer Pfanne
bei mittlerer Hitze 2-3 Min. rösten.
zu feinem Pulver mörsern.

2. Gerösteten Kreuzkümmel mit
Knoblauch, Chili, Koriander, Salz
und Zitronensaft in einer Küchenmaschine zerkleinern. Das Öl zugießen und die Masse cremig rühren.

3. Fisch(e) abspülen u. gründlich trocken tupfen. Auf beiden Seiten des Fisches 3-4 diagonale Einschnitte machen, anschließend den Fisch mit der Gewürzpaste einreiben.
Mit Frischhaltefolie bedecken und 30 Min. im Kühlschrank marinieren.

4. Backofen auf 240 °C vorheizen. Fisch in eine Auflaufform legen. Tomaten in dünne Scheiben schneiden u. diese halbieren. Tomaten- und Kartoffelscheiben sowie Olivenhälften rund um den Fisch verteilen.
40 Minuten backen, dabei öfter begießen... und dann guten Appetit.
Geht flott von der Hand, ist in 15 Min. vorbereitet + 30 Min. marinieren

Dorothea Becker

Dorothea Becker, seit Jahren kommunalpolitisch aktiv, Schwerpunkt Kultur, entdeckte – aus Reiselust und familiären Gründen – ihre Begeisterung für Portugal und Japan. In ihrer Freizeit spielt sie Tennis, pflegt ihren Literaturkreis und den Kontakt zu guten Freunden und vielen Bekannten.

Saltimbocca vom Steinbeisser

Zutaten:

8 Stücke Steinbeisserfilet (à 80 gr.), 1 Topf Salbei, 8 Scheiben Parmaschinken, 16 kleine, kochfeste Kartoffeln, 5 EL Olivenöl, 16 Lorbeerblätter, 400 gr. grüner Spargel

Zubereitung

1) Steinbeisserfilet waschen und abtupfen, Salbei abbrausen, trocken schütteln, die Blätchen von den Stielen zupfen. Jedes Fischfilet mit einigen Salbei-blätchen und einer Scheibe Parmaschinken belegen. Mit Holzspießchen feststecken.

2) Kartoffeln waschen und sauber bürsten. Mit Salz und 3 EL Olivenöl in eine Schüssel mischen. Jede Kartoffel der Länge nach durchschneiden und ein Lorbeerblatt einstecken. Kartoffeln nebeneinander in eine Auflaufform setzen und im vorgeheizten Backofen bei 175°C 25-30 Min. backen.

3) Spargel am unteren Drittel schälen, die Enden abschneiden. Spargelstangen schräg in Stücke schneiden. Tomaten waschen, Stielansatz entfernen und vierteln. Fruchtfleisch entfernen und würfeln.

4) Restliches Olivenöl in eine beschichtete Pfanne gießen. Die vorbereiteten Steinbeisserfilets bei starker Hitze von jeder Seite ca. 1 Min. braten. Herausnehmen und warm stellen. Spargel in die Pfanne geben und bei schwacher Hitze ca. 6 Min. dünsten. Weißwein und 150 ml Wasser zufügen. 1 Beutel Dillsauce einrühren und aufkochen. Creme fine und Tomatenwürfel zugeben und heiß werden lassen. Fischfilets mit dem Spargelgemüse und den Lorbeerkartoffeln auf Tellern anrichten und servieren. Guten Appetit wünscht

Frank Becker

Frank Becker ist Ur-Brackweder und dort bekannt wie ein bunter Hund. Der Kinobetreiber und Hörfunk-Produzent („Meine Kunst besteht mehr aus Film und aus Ton, findet nicht in der Küche statt") ist Vorsitzender der Werbegemeinschaft und im Hauptberuf Inhaber der Firma *Papier Bröker*. Becker lebt in einer festen Partnerschaft.

Pikante Lachs - Häppchen

4 Portionen (16 Stck.)

400 g Lachsfilet
Saft von 1/2 Zitrone
16 Basilikumblätter
8 dünne Scheiben geräucherten
    Schinken
2 EL Pflanzenöl
Salz, frisch gemahlener Pfeffer
16 Cocktailspieße

Zubereitung :

Das Lachsfilet in 16 gleich große Stücke schneiden, mit Zitronensaft beträufeln, mit Salz und Pfeffer würzen. Auf jedes der Lachsstücke ein Basilikumblatt legen.
Die Schinkenscheiben halbieren.
Jedes Lachsstück in eine Schinkenscheibe einrollen und mit einem Cocktailspieß befestigen. Die Lachs-Häppchen in der Pfanne in Pflanzenöl braten. Dazu können z.B. Rösties und ein Dressing nach Wahl gereicht werden   U. Becker

„Ich liebe alles Essbare, was man aus dem Meer fischen kann!"
Ute Becker ist Hautärztin und arbeitet in ihrer eigenen Praxis. Seit 30 Jahren lebt sie in Bielefeld und fühlt sich hier sehr wohl. Sea-Food genießt sie am liebsten in geselliger Runde mit lieben Freunden und mit ihrer Familie.

Lachssteak in Sahnesoße

Zutaten für 4 Personen:

Eine Auflaufform einfetten.

4 gr. Lachssteaks – kalt abspülen, trocken tupfen, in die Form legen,

1 Btl. Lachs-Cremesuppe – } darüber verteilen,

1 B. Sahne } mischen, über den
3/4 B. Weißwein } Fisch gießen und mit
150 gr. Krabben
2 EßL. Tiefkühl-Dill } bestreuen.

Im Backofen auf der mittleren Schiene bei 200° Umluft ca. 30 Min. garen. Bei zu starker Bräunung evtl. mit Alufolie abdecken.
Dazu: Reis oder Baguette u. frischen Salat.

Ulrike Beer-Ronsiek

Ulrike Beer-Ronsiek hat eine große Familie mit fünf Kindern. Da sie sehr gerne kocht – es aber auch oft unkompliziert und schnell gehen muss – gibt sie ihr spezielles Wissen und Können gerne weiter: Sie organisiert kleine Kochkurse im Freundes- und Bekanntenkreis. Außerdem genießt sie die Natur, mal zu Fuß, mal mit dem Rad. Und sie ist sehr interessiert und aufgeschlossen allem Neuen gegenüber.

Lachs mit Estagonsahne und Kartoffelhaube

Zutaten für 3 Personen:

400 gr. Lachsfilet, 1 EL Zitronensaft, Pfeffer

einige Stiele frischer Estragon (oder Dill), 4 EL Crème fraîche, Salz

250 gr. Kartoffeln, 1 Eiweiß, Muskat

Zubereitung:

1. Ofen auf 220 Grad vorheizen, Fisch säubern, säuern, pfeffern und in Gratinform legen.

2. Estragon hacken, mit Crème fraîche verrühren, mit Salz und Pfeffer würzen und auf dem Lachs verteilen.

3. Kartoffeln schälen, grob raspeln, ungeschlagenes Eiweiß unterrühren und kräftig mit Salz, Pfeffer, Muskat würzen.

4. Kartoffelmasse auf Lachs verteilen und ca. 25 Minuten goldgelb backen.

Bestens geeignet für schnellkochende Feinschmecker

Anja Böllhoff

Anja Böllhoff ist immer da, wenn der Schuh drückt. Als Mutter von drei Kindern engagiert sie sich sehr für die sozialen Probleme in dieser Stadt. Sie arbeitet ehrenamtlich als Vorsitzende der *Bielefelder Bürgerstiftung* und ist im Kuratorium *Pro Bielefeld*. In ihrer Freizeit liest sie gerne und genießt die Natur „am liebsten in Bewegung – laufen und radfahren". Außerdem ist sie sehr tierlieb.

Polipo (calamare) picante con
pommodori freschi
(Pikante Meeresfrüchte mit frischen
Tomaten)

---

750 gr polipo (calamare)
1 Bund Lauchzwiebeln
2 Knoblauch zehen
1 Fenchel knolle
1 kleine Möhre
100 gr Butter
5 EßL. Olivenoel
1 Teelöffel Salz
1 Messerspitze schwarzen Pfeffer
1 kleine rote Pepperoni (getrocknet)
$\frac{1}{4}$ e Weißwein
500 gr Strauchtomaten

Vorbereitung: ca $\frac{1}{2}$ Stde
Calorien pro Person ca: 450

Arbeitsschritte:
1. Polipo (calamare) pfeffern und
   salzen
2. Knoblauch zehen, Lauchzwiebeln
   zerkleinern
3. Fenchel knolle putzen, zerkleinern
   Möhre kleinschneiden, mit
   Butter dünsten
4. Oel mit Polipo (calamare) in
   einer Pfanne ca. 5 min goldgelb
   braten

11

⑤ Tomaten (kleingeschnitten) mit Knoblauch dazugeben und anbraten (Deckel zu ca. 5 min)

⑥ Gemüse (Fenchel, Möhre) mit ¼ l. Weißwein hinzugeben

⑦ Deckel auf die Pfanne und ca 25 min auf kleiner Stufe schmoren lassen

⑧ Abschmecken mit Pfeffer und Salz

⑨ Zur Dekoration Basilikum hinzufügen

⑩ zwischendurch kurz umrühren

Zu dieser köstlichen Speise können frisches Weißbrot oder körniger Reis serviert werden.

Guten Appetit und viel Spaß beim Kochen!!

Marion Börtz
(Künstlerküche)

Marion Börtz, gebürtige Münsterländerin, mittlerweile bekennende und liebende Bielefelderin, ist Kunsterzieherin an der *Gesamtschule Stieghorst*. Sie ist „mit Leib und Seele ästhetisch orientiert". Durch ihr Studium ist sie nach Bielefeld gekommen und hier geblieben. Hobbys der Ischia-Liebhaberin (der heißen Quellen wegen) sind Malen und Sport: „Schwimmen, Laufen, Radfahren". Und in der Zwischenzeit strickt sie Pullover am laufenden Band: jede Woche ein neues Modell.

Deftiger Fischauflauf (4 Personen)

1000 g Seefisch - Filet (Rotbarsch o. ä.)
Saft einer Zitrone
Salz, weisser Pfeffer
2 EL mittelscharfer Senf
2 EL Tomatenmark
500 g Tomaten, 1 Gemüsezwiebel
2 Gewürzgurken
100 g Frühstücksspeck
Fett für die Form
200 g mittelalter Gouda in Scheiben

Fisch waschen, in ca 10 cm lange Stücke
schneiden. Mit Zitronensaft beträufeln, salzen,
pfeffern und 10 Min. ziehen lassen.
Senf und Tomatenmark verrühren. Tomaten
waschen, Stengelansatz herausschneiden und in
Scheiben schneiden. Zwiebel schälen und würfeln,
Gurken in Scheiben und Speck in Streifen schneiden.
Eine feuerfeste Form fetten. Fischstücke mit der
Senf - Tomatenpaste bestreichen und die Hälfte
auf den Boden der Form legen. 50 g Speckstreifen
und die Hälfte des Gemüses darauf verteilen.
Vorgang wiederholen.
Form mit Alufolie abdecken und im vorgeheizten
Backofen bei 175-200° (Gas Stufe 2-3) ca 20 Min.
backen. Folie entfernen, Käse auf dem Auflauf
verteilen und weitere 10 Min. backen.
Dazu: Reis mit Dill

Brigitte Brabant

Brigitte Brabant bezeichnet sich selber als „Durchschnittsköchin". Dabei sind die Rezepte der gebürtigen Bielefelderin immer wieder im Bekannten- und Freundeskreis sehr begehrt. Die Fisch-, Fleisch- und Gemüseliebhaberin ist verheiratet, hat zwei Söhne, drei Enkelkinder und arbeitet – neben dem Haushalt – als Schreibkraft für einen Arzt.

Gebratene Heringe

Die Heringe werden 24 Stunden in
Wasser gelegt, dann an einem
Stöckchen, das man durch den
Kopf steckt, zum Trocknen
im Schatten aufgehängt.
Vor dem Braten beträufelt man
sie mit Zitronensaft, wickelt
sie in ein mit Butter bestrichenes
Papier und brät sie auf dem
Roste oder in der Pfanne.

Volker Brekenkamp

Volker Brekenkamp ist Chef in „Ollerdissen". Der gebürtige Gadderbaumer leitet seit 1993 Bielefelds erfolgreichen Tierpark. Der gelernte Industriekaufmann und diplomierte Forstingenieur behauptet, nur wenig vom Kochen zu verstehen, allerdings ein „echt engagierter" Hausmann zu sein. Nach einem opulenten Mahl – häufiger mal Wild- und Fischgerichte – helfe er seiner Frau, der „Chefin de cuisine", in der Küche.

Schnippelbohnen mit Hering

Zutaten für 2 Personen:

1 Glas Schnippelbohnen
1 Paket Kartoffelpüree
2 Sahneheringsfilets mit viel Sauce
dann nach Geschmack Äpfel und Zwiebeln oder Ananas

Die Sahneheringsfilets werden in mundgerechte Stücke geschnitten und nach Geschmack mit kleingeschnittenen Äpfeln und Zwiebeln oder Ananas und der vorhandenen Sauce vermischt.

Die Schnippelbohnen werden in 400 ml Gemüsebrühe und 150 ml Milch und einem Esslöffel Olivenöl erhitzt. Nach dem Aufkochen wird das Kartoffelpüree dazu gerührt und mit Salz und Pfeffer abgeschmeckt. Das heiße Gericht wird auf 2 Teller gegeben, in die Mitte wird eine Mulde gedrückt. Die vorbereiteten Sahneheringsfilets werden mit der Sauce in die Mulde gegeben und zusammen mit den Schnippelbohnen gegessen.

Guten Appetit !

Petra Linne

Petra Brinkmann kocht für ihr Leben gern. Die gebürtige Bielefelderin liest Rezepte wie ein Buch und kocht oft nach Bildern. Wenn die Kommunalpolitikerin (BZV Dornberg und Stadtrat) wenig Zeit hat, muss es schon mal schnell gehen. Ansonsten kann es auch in eine „Kochorgie" ausarten. Als Vorsitzende der *Arbeitsgruppe der Wassersport treibenden Vereine im Stadtsportbund Bielefeld* ist ihre Vorliebe für Fischgerichte naheliegend. Ihr aufgeschriebenes Fischrezept, überliefert von der Oma aus dem Münsterland, sei ungewöhnlich und nicht vorstellbar, aber superlecker.

DA ICH EINE BEKENNENDE LIEBHABERIN DER PORTUGIESISCHEN KÜCHE BIN...

ARROZ DE MARISCO
(REIS MIT MEERESFRÜCHTEN)

ZUTATEN:

250 g	LINGUEIRÕES, fein gewürfelt (Muscheln, die bei uns schwer zu bekommen sind; alternativ nimmt man Krebsfleisch
500 ml	WASSER
3 EL	OLIVENÖL
6	TOMATEN, in kleine Würfel zerteilt
3	fein gehackte KNOBLAUCHZEHEN
1	gehackte ZWIEBEL
1 TL	PAPRIKAPULVER
1	LORBEERBLATT
250 ml	WEISSWEIN
	SALZ UND PFEFFER
500 g	FISCHRESTE
250 g	GARNELEN UND KRABBEN
250 g	MUSCHELN (Mies- und Venusmuscheln)
1 kg.	HUMMER; vorgekocht
4 Tassen	REIS
5 Stiele	KORIANDER, gehackt
etwas	ESSIG

ZUBEREITUNG:

Bekommt man Lingueirões, so werden sie gekocht, bis sie sich von der Schale lösen. Ansonsten nimmt man das in Stücke geschnittene Krebsfleisch.

Öl in einem Topf erhitzen und darin Zwiebeln, Knoblauchzehen und Tomaten anschwitzen und mit Wasser und Weißwein aufgießen; mit Salz, Pfeffer, Paprika und Lorbeerblatt würzen. Fischreste zufügen und 20 min. abkochen. Die Brühe dann durchseihen und danach leicht einkochen.

Die Lingueirões bzw. das Krebsfleisch zufügen und etwas weiter köcheln lassen. Danach Hummer und Krabben zugeben und gar kochen. Anschließend die gewaschenen Muscheln zufügen und alles noch einmal 10 min. kurz aufkochen lassen. Alles aus der Brühe nehmen und warm stellen.

Den Reis in der Fischbrühe kochen und danach zusammen mit den Meeresfrüchten in einer Auflaufform anrichten. Mit Koriander würzen.

MEIN PERSÖNLICHER TIPP:
Das Geld für die Zutaten sparen, mit einem Billigflieger nach Lissabon, ein kleines Restaurant aufsuchen, Vorspeise: Caldo Verde (Suppe), Hauptspeise: Arroz de Marisco, Nachspeise: passt nicht mehr rein. Dazu lecker Super Bock-Bier

FÜR DIE BESTELLUNG:
„PARA MIM UMA CALDO VERDE E ARROZ DE MARISCO, FAZ FAVOR.
E QUERIA UMA CERVEJA → SUPER BOCK, FAZ FAVOR. OBRIGADO!"
(ist bestimmt gebrochenes PORTUGIESISCH, aber... sie verstehen es!)

BOM APETITE!

Uta Brömelmeyer

Uta Brömelmeyer arbeitet seit 2002 bei *Radio Bielefeld* in der Redaktion und als Moderatorin. Zuvor hat sie aber auch schon andere Berufserfahrungen gesammelt – sie ist ausgebildete Ergotherapeutin und gelernte Hotelfachfrau. Privat ist sie oft auf Reisen und kennt mittlerweile die halbe Welt. Zuletzt hat sie in ihrem Urlaub in Thailand in einem Camp für verletzte Wildtiere gearbeitet. Ihr Lieblingsland ist Portugal. Sie spricht auch die Sprache.

Garnelen in Currysoße
(Vorspeise)

Zutaten: 500 g Garnelen
1 große Zwiebel
20 g Butter
1 kleine Dose exotische Früchte
2 Essl. Curry
1 Prise Salz
1 Becher süße Sahne

Zubereitung:

• gewürfelte Zwiebel in der Butter dünsten

• 2-3 Essl. Curry, Prise Salz hinzu

• 1 Becher süße Sahne darin aufkochen und reduzieren

• Garnelen und exotische Früchte hinzu und durchziehen
lassen (nicht mehr kochen)

Dazu passen Nudelnester.

Guten Appetit!

Elmar Brok – europäisches Schwergewicht mit ostwestfälischen Wurzeln. Der gelernte Rundfunk- und Zeitungsjournalist macht fast sein ganzes Leben lang Politik: in OWL, in NRW, auf Bundesebene, im Europäischen Parlament. Für seine politischen Verdienste bekam der CDU-Mann viele nationale und internationale Auszeichnungen. Der Schalke-Fan mit Wohnsitz in Bielefeld ist verheiratet, hat drei erwachsene Kinder, genießt gutes Essen, leckere Weine und ein feines Pfeifchen.

Gefüllte Teig-Täschchen

Für die Füllung: 4 Stück

4 TK-Lachsfilets von Costa

Salz, Pfeffer

300g Frühlingszwiebeln oder Porree

2 EL Öl

125g Kräuter Crème fraîche

2 TL Gustin Speisestärke

Knetteig:

300g Weizenmehl

1 TL Backpulver

1 TL Salz

250g Magerquark

250g weiche Butter

Außerdem

1 Ei

1 EL Milch

- Lachs nach Packungsanleitung auftauen.
- Für den Knetteig alle Zutaten zu einem glatten Teig verkneten und in Folie gewickelt 30 Minuten kalt stellen.

- Backblech fetten und mit Backpapier belegen.
  Eine Teighälfte mit etwas Mehl dünn ausrollen
  und 4 Fische (ca. 13 cm lang, 9 cm breit) ausschneiden. Teigreste mit Teig verkneten, ausrollen
  und 4 Oberhälften: Fische etwa 1 cm größer
  ausschneiden. Die kleinen Fische auf das Backblech legen.
- Lachsfilets halbieren und würzen. Frühlingszwiebeln
  in Ringe schneiden und 1/3 beiseite stellen. 2/3 in
  einer Pfanne 3 Minuten mit Öl dünsten. Crème
  fraîche und Gewürz verrühren und unterrühren.
- Masse auf die kl. Fische verteilen (1 cm Rand
  freilassen), Lachsstücke drauf geben. Restliche
  Frühlingszwiebeln aufstreuen und würzen. Ei und
  Milch verquirlen, Teigränder damit bestreichen und
  die großen Fische auflegen. Teigränder mit einer Gabel
  fest andrücken und alles bestreichen. Oberseite mit
  einer Schere so einschneiden, dass ein Schuppenmuster
  entsteht. Bei O/U 180°C (vorgeheizt) 30 Minuten
  backen.

Kerstin Buchholz

Kerstin Buchholz ist Leiterin der *Dr. Oetker*-Versuchsküche. Aus diesem Grund zog die gebürtige Emsländerin, gelernte Diätassistentin und studierte Ökotrophologin nach Bielefeld. Gut Kochen und Backen ist nicht nur ihr Beruf, sondern immer auch noch ein Hobby der Fachfrau. Ihre große Leidenschaft allerdings gehört den Islandpferden, „die sich durch die besondere und bequeme Gangart Tölt auszeichnen".

Dorade im Gemüsebett à la Ibiza

Zutaten für 4 Personen:

2 Doraden, 1 Zitrone, 1 große Zwiebel
1 Knoblauchzehe, 200g Champignons,
2 Fleischtomaten, 1 mittelgroße Zucchini
4 El. Olivenöl, ¼ l Riesling, 100g schwarze
Oliven, 10 Blätter Basilikum, Salz u. Pfeffer.

Zubereitung:

Die geschuppten und ausgenommenen
Doraden waschen und beidseitig 3-4 mal
schräg bis auf die Rückengräte einschneiden.
Mit Zitronensaft säuern.
Die Zwiebel fein hacken, Champignons in
feine Scheiben schneiden, ebenso die Zucchini.
Knoblauch fein hacken.
Die Fleischtomaten enthäuten, entkernen
und würfeln.
Nun in der Pfanne das Olivenöl erhitzen,
Zwiebeln und Knoblauch dünsten, bis sie
glasig sind.

Champignons und Zucchini hinzufügen und 5 Min. dünsten.

Tomaten dazugeben und den Weißwein angießen. Mit Salz und Pfeffer würzen.

Backofen auf 200°C vorheizen.

Zutaten aus der Pfanne in eine Auflaufform füllen. Die Doraden auf das Gemüse legen und mit etwas Olivenöl bestreichen. Auflaufform für 20 Min. in den Backofen schieben.

Dann die Oliven rundherum in der Auflaufform verteilen und weiter 5 Min. garen lassen. Mit gehacktem Basilikum servieren.

Sabine Buchholz

Sie achtet auf die schlanke Linie – und nicht nur auf die eigene. Sabine Buchholz ist BCM-Ernährungsberaterin mit dem Motto „muss gesund sein, darf nicht dick machen und muss schnell gehen". Sie liebt leckere Fischrezepte, da die nicht nur schnell gezaubert sind, sondern sie auch an herrliche Urlaube erinnern. Dann wird für sie das Kochen auch zur Entspannung.

Forelle mit gerösteten Mandeln

Zutaten für zwei Portionen:
2 Forellen (ausgenommen)
Olivenöl, etwas Butter
1 Knoblauchzehe, 2 Zweiglein frischer Rosmarin
eine Handvoll gehobelte Mandeln

Knoblauchzehe schälen, halbieren, damit
die feuerfeste Form einreiben.
Fisch abspülen und trocken tupfen, salzen
und etwas pfeffern, besonders in der Bauchhöhle
jeweils ½ Knoblauchzehe und 1 Zweig
Rosmarin in den Bauch der Forelle
etwas Olivenöl in die feuerfeste Form
Fisch kurz anbraten, dann ca. eine halbe
Stunde im vorgeheizten Backofen bei milder
Hitze (ca. 170°) garen.
Mandeln mit etwas Butter in der
Pfanne rösten (Vorsicht: dabei häufig
wenden, sonst werden sie schwarz!)
Mandeln auf dem Teller über die Forellen
verteilen, dazu eine Scheibe Zitrone
reichen.
<u>Als Beilage:</u> Salzkartoffeln, darüber ein
wenig geröstete Petersilie. Ein Salat als
Vorspeise, damit der Fisch nicht kalt wird.

Annelie Buntenbach

Annelie Buntenbach – mit Grünen-Wurzeln in Bielefeld – ist seit Mai 2006 im geschäftsführenden Bundesvorstand des *DGB*. Sie ist u. a. auch Mitglied im Wissenschaftlichen Beirat von *ATTAC*, alternierende Vorstandsvorsitzende der *deutschen Rentenversicherung* und der *Bundesagentur für Arbeit*. Von 1994 bis 2002 war die in Bielefeld lebende Politikerin von Bündnis 90/Die Grünen Mitglied des Deutschen Bundestages. Auch in Bielefeld hat sie für die Grünen/Bunte Liste im Stadtrat Politik gemacht. Annelie Buntenbach hat hier Geschichte und Philosophie studiert und den Betrieb *Satzbau* gegründet. Sie ist verheiratet, hat keine Kinder und ist Fan von Ska-Musik.

Makedonisches Fischragout
für 4 Personen

1 kg Fischfilet (z. B. Rotbarsch)
Saft und Schale von einer Zitrone
1 Knoblauchzehe
3 - 4 Essl. Tomatenmark
1 Eigelb
1/8 L Sahne
1 Teel. Rosenpaprikapulver
1/2 Teel. getrockneter Thymian
Salz, weißer Pfeffer, Petersilie
Tomaten

Der Fisch wird in Stücke geschnitten,
mit Zitrone beträufelt und mit
den Tomatenstücken in eine gebutterte
Auflaufform gegeben;
aus dem Rest wird eine Sauce
angerührt und darüber gegeben;
auf mittlerer Schiene ca 25 Minuten
im Ofen gebacken; Reis als Beilage
Regine Burg

Regine Burg, „Chefin" des *Kirchenkreises Bielefeld*, Mutter einer erwachsenen Tochter, ist gebürtige Bielefelderin. Nach Studium und einigen Auswärts-Jahren kehrte sie zurück, war zunächst 18 Jahre lang Gemeindepfarrerin. Seit 2001 ist sie Superintendentin des Kirchenkreises. Sie liebt Urlaube am Meer, meistens mit Freundinnen und Freunden, die sie dann bekocht.

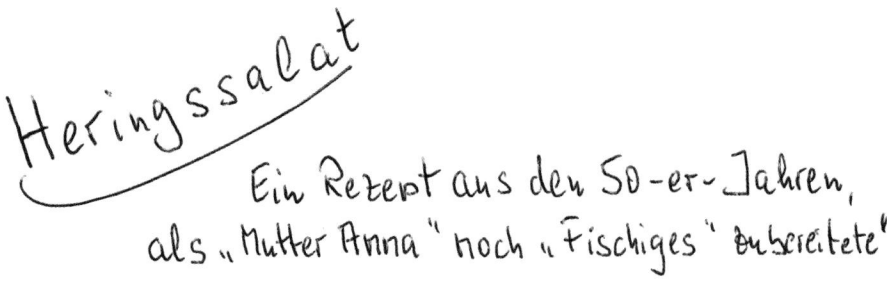

Heringssalat

Ein Rezept aus den 50-er-Jahren,
als „Mutter Anna" noch „Fischiges" zubereitete.

---

2 Heringe werden 1 Tag gewässert,
dann in Würfel geschnitten.
3 Pfund Pellkartoffeln, 1/2 Pfund Kalb-
fleischreste oder vom Schweinebraten – natürlich
jeweils fertig gebraten –.
2 Essiggurken, einige Rote-Beete-Scheiben,
etwas Salz, 2 hart gekochte Eier,
2 Eßlöffel Salatöl, 3 Eßlöffel Essig,
1 Zwiebel und etwas Pfeffer.

– Den fertigen Salat „ziehen" lassen! –

... und der schmeckt ...
GUTEN
APPETIT !!!

Bielefeld, anno 2007

Wilfried Burmann

Wilfried Burmann ist Journalist für Printmedien, Radio und TV. Seit mehr als 20 Jahren ist er Vorstandsmitglied im *Journalistenverband OWL* und setzt sich hier u. a. für die Interessen der Kollegen ein. Seit Jahren organisiert er erfolgreich den Landespresseball. Wilfried Burmann ist verheiratet, hat eine große Familie, liebt Geselligkeit, gutes Essen, Golf, Tennis und Reisen in den fernen Osten.

"Feine Seezungenrouladen"

8 Seezungenfilets mit frische Zitrone beträufeln und beiseite legen.

8 ausgelöste große Garnelen kurz (2 Min.) in Butter an braten, mit Salz + Pfeffer würzen.

Je eine Garnele auf ein Seezungenfilet legen, aufrollen und mit Holzspieß fixieren.

Rouladen ca. 8 - 10 Min. in Butter braten. Salzen + Pfeffern.

0,1 Ltr. Weißwein zugießen + verkochen.

1 Bund Schnittlauch, 150 ml Sahne und Saft von 1 Zitrone vermengen.

Rouladen auf warmer Platte anrichten und mit der Sauce übergießen.

Dazu ein frischer Salat, crosses Baguette und ein trockener Weißwein.

"Einfach + Delikat"

Pit Clausen

Pit Clausen, gebürtiger Düsseldorfer, lebt seit über 25 Jahren in Bielefeld. Der Arbeitsrichter am Bielefelder Amtsgericht lebt in einer festen Partnerschaft, kocht gerne – auch für Freunde und politische Weggefährten wenn's die Zeit erlaubt. Seit vielen Jahren ist Pit Clausen politisch tätig: er ist seit 1994 Mitglied der SPD im Stadtrat und seit 2002 hier Vorsitzender der Fraktion. In seiner Freizeit „da bleibt nicht mehr so viel übrig" genießt er kulturelle Besonderheiten und spaziert mit seinem Golden Retriever „Monty" durch den Teuto.

Marinierte Fischwürfel – für 10 Personen

1,5 kg Seelachsfilet
2 rote Chilischoten
2 Knoblauchzehen,
½ Bund Koriander
2 Zitronen, 5 EßL. Oel, Salz u. Pfeffer
1 Bund Petersilie zum Anrichten

> Rezept macht kaum Arbeit u. schmeckt ganz köstlich!

Seelachsfilet abspülen u. in 3cm große Stücke schneiden. Für die Marinade Chilischoten längs halbieren u. die Kerne entfernen. Chilischoten, abgezogenen Knoblauch u. Koriander hacken und zusammen mit Zitronensaft, Oel, Salz u. Pfeffer verrühren. Marinade über den Fisch geben u. abgedeckt ca 1 Std. durchziehen lassen. Die Fischwürfel mit der Marinade in 2 Portionen und nacheinander in einer großen beschichteten Pfanne 2 Min. dünsten. Mit Salz u. Pfeffer würzen. Auf Koriander u. Petersilie anrichten.

Bärbel Dammann

Bärbel Dammann kocht gerne! Wie man an ihrem Rezept sieht, kann das auch schon mal für eine größere Runde sein. Denn nicht nur ihre Familie bekocht sie gerne, auch Freunde und Bekannte. Sie ist eine aufmerksame Gastgeberin – originell und fantasievoll – und da zeigt sich auch ihr künstlerisches Talent. Sie malt, schneidert, und sie fertigt Puppen an aus Porzellan.

Matjes an knackiger Gemüse-Sahnesoße
für 4-6 Personen

8-12 Matjes – kurz kalt abspülen
½ Salatgurke – halbieren, Kerne entfernen
3 junge Möhren – schälen
1 Bund Frühlingszwiebeln – putzen
150 gr Staudensellerie – schälen
2 Äpfel – viertelen, Kerngehäuse entfernen
und in dünne Scheiben
schneiden mit Saft von
1 Zitrone beträufeln
Alle vorbereiteten Zutaten in dünne
Scheiben schneiden und mischen.

200 gr Schmand
200 gr Creme fraiche   glatt rühren
200 gr Schlagsahne   und mit
Salz + weißer Pfeffer   dem Gemüse
½ Bund Dill   vermischen
½ Bund Schnittlauch

Dazu passen Pellkartoffeln oder
westfälisches Schwarzbrot und ein
Glas kühler deutscher Riesling

Johannes Delius, Kommunalpolitiker, Handelskaufmann, verheiratet und Vater von sechs Kindern. Die Reihenfolge kann nach Notwendigkeit auch schon mal wechseln. Der gebürtige Bielefelder ist in der neunten Generation in einem der ältesten Familienunternehmen Bielefelds tätig und hat sein Büro noch da, wo 1722 das Unternehmen gegründet wurde. Seit 1999 ist Delius im Stadtrat; seit dieser Zeit auch Vorsitzender der BfB. Johannes Delius hat eine besondere Leidenschaft für gut gepflegte Rasenflächen; deshalb ist er auch Besitzer einer Sammlung mehrerer englischer Rasenmäher.

Kommissar Weinbrenners Fischsuppe

500 g reife Tomaten
150 g Zwiebeln
4 Knoblauchzehen
1/8 l Olivenöl
3/4 l Hühnerbrühe
Salz, etwas Zucker, viel Basilikum
6 Fischstücke, z. B. Kabeljau

Tomaten häuten u. in Stücke schneiden
Zwiebeln gespalten, Knoblauch klein -
schneiden

Zwiebeln u. Knoblauch in der Hälfte des
Öls in einer Deckelpfanne dünsten, nicht
bräunen, Teil d. Hühnerbrühe dazu,
Deckel schließen u. weich dünsten

Alles in eine ofenfeste Form umfüllen,
Tomaten darauf, Salz, Zucker, Basilikum
verteilen, gesalzenen Fisch darüber
schichten, Rest Öl u. Brühe darauf
gießen. Im vorgeheizten Ofen bei 200°
20-25 Minuten garen.
Lecker! Monika Detering

Monika Detering, gebürtige Bielefelderin mit Sehnsucht nach Langeoog, arbeitet als freie Journalistin für Zeitungen und Zeitschriften und ist erfolgreiche Autorin. In ihren Romanen „Puppenmann" und „Herzfrauen" z. B. muss der etwas dubiose Hauptkommissar Weinbrenner seine kniffligen Bielefelder Fälle lösen. Dass er außerdem noch lecker kochen kann … siehe oben. 2001 gewann Monika Detering den Schreibwettbewerb für Frauen deutschsprachiger Literatur.

Westfälische Forellen
mit Petersilienkartoffeln
für 4 Personen
4 geräucherte Forellen
8 große Tomaten
8 dicke Zwiebeln
4 Glas geschnittene Champignons
Getrocknete Petersilie, Schnittlauch
Dill, Salz und Pfeffer.
Die Forellen sehr gut fillieren, mit Haut
in Butter braten.
Die Zwiebeln klein hacken und in Butter
glasig dünsten, evtl. bräunen. Die Tomaten
klein schneiden und dazu die
Champignons abtropfen lassen und
auch dazu alles gut köcheln lassen.
Mit Salz + Pfeffer abschmecken, zuletzt
je eine Hand voll gefriergetrocknete
Petersilie, Schnittlauch und Dill dazu.
Durch die Kräuter verschwindet die viele
Tomaten flüssigkeit.
Die Forelle auf dem Teller anrichten,
eine Seite mit dem Löffel etwas anheben
und mit dem Gemüse füllen.
Die Kartoffeln mit Petersilienbutter
begießen.
Guten Appetit von
Wilfried Detering

Wilfried Detering ist unter Rassegeflügelzüchtern bekannt als „der Geflügelpapst aus Bielefeld". Der Autor verschiedener Fachbücher ist auch als internationaler Preisrichter für das liebe Federvieh unterwegs: Süd Afrika, USA, China, England. Gerade erst war Detering Gast bei seiner Königlichen Hoheit Prinz Charles auf dem ökologischen Mustergut „Schloss Highgrove". Detering liebt Geflügelgerichte („nur aus artgerechter Freilandhaltung") und gebratene Fischgerichte.

Steinbeißerfilet in der Kartoffelkruste

2 Pers.

400g Steinbeißerfilet
3 große geschälte Kartoffel
1 Ei
etwas Mehl, Salz u. Pfeffer
100g Butter

Zunächst werden die Kartoffel gerieben, und in ein Tuch ausgedrückt. Die Filets werden in 50g Medaillons geschnitten, mit Salz u. Pfeffer gewürzt, im Mehl gewendet und durch das Ei gezogen. Dann den Fisch mit geriebene Kartoffel einpacken.
Im Butter 4 - 5 Min. knusprig braten.
Dazu serviert man Schnittlauchsoße.

Schnittlauchsoße

80g. Quark
60g. Joghurt
1/4 l Sahne
großer Eßl. Schnittlauch
Salz, Pfeffer u. Zitronensaft
Die Zutaten gut miteinander verrühren.
„Guten Appetit"
Ihre Dieckmann

Ilse Dieckmann arbeitet in Bielefeld, ist aber Künsebeckerin. Vielleicht macht ihr auch deshalb das Backen noch mehr Freude als das Kochen. Auf jeden Fall verwöhnt sie gerne die Familie, Freunde und Gäste. Und schöne Blumen dürfen auch nicht fehlen: „am liebsten drinnen, aber auch ganz viele draußen", denn der Garten und die Blumen sind ihr besonderes Hobby.

Rotbarschfilet mit Reis
... ein Blitzrezept...

Zutaten für 4 Personen:
250 g. 8 Minuten Reis, Salz,
30 g. Butter oder Margarine, 30 g. Mehl
3 EL Senf, 1/4 l Brühe, 1/4 l Schlagsahne
Pfeffer a. d. Mühle, 1-2 TL Zucker, 3 Eigelb,
Fett für die Form, 500 g. Rotbarschfilet
2 TL Zitronensaft, 1 Bd. Dill

Den Reis nach Packungsbeschreibung zubereiten.
Die Butter bzw. Margarine schmelzen lassen.
Mehl und Senf darin anschwitzen und mit
der Brühe und Sahne ablöschen.
Mit Salz, Pfeffer und Zucker würzen.

Das Eigelb verquirlen und unter die Sahne
ziehen. Das ganze sollte jetzt nicht mehr
kochen. Den Backofen auf 250°C vorheizen.
Den abgetropften Reis in eine gefettete Auflauf-
form füllen. Den Fisch mit Salz, Pfeffer und
Zitronensaft würzen und auf den Reis legen.
Die Senf / Sahne - Sauce über den Fisch geben.
Der Fisch wird dann im Ofen überbacken.
Je nach Ofen ca. 15 Minuten. Zum Schluß
mit gehacktem Dill bestreuen.

Guten Apetitt wünschen
Nicole + René Diekhöner

Ein leckeres Rezept – mit klarer Aufgabenteilung! Nicole Diekhöner kocht, René Diekhöner beseitigt anschließend das kleine Küchenchaos. Dass diese Arbeitsaufteilung erfolgreich ist wird sich demnächst zeigen: Mitte Januar gibt's Nachwuchs im Hause Diekhöner – Babybrei steht dann auf der Speisekarte. Bis dahin können die Bald-Eltern noch ihren Hobbys nachgehen: Arminia die Daumen drücken; mit dem Rad durch „Ubbsen" fahren und lesen, lesen, lesen.

Schwertfischrouladen

4 Per.

4 dünne Schwertfischfilets à 125 gr.
2 EL Zitronensaft
Salz, Pfeffer
2 Frühlingszwiebeln
4 TL Margarine
2 EL Paniermehl
je 1 TL Oregano + Thymian
2 EL gehackte Petersilie
4 EL geriebenen Parmesan
250 ml Gemüsebrühe (instant)
2 EL Sauerrahm
2 EL Saucenbinder

Fischfilets mit Zitronensaft beträufeln, mit Salz + Pfeffer würzen. 2 TL Margarine erhitzen, Paniermehl darin anbraten, Frühlingszwiebeln + Hälfte der Kräuter zufügen. Filets mit Paniermehlmischung belegen, mit Käse bestreuen, zusammenrollen und mit Holzstäbchen feststecken. Fischrouladen mit restl. Margarine anbraten und herausnehmen. Restl. Zitronensaft und Brühe zum verbliebenen Sud geben, aufkochen lassen und etwas reduzieren. Sauerrahm und restl. Kräuter einrühren, mit Saucenbinder andicken. Fischrouladen dazu und etwa 8 Minuten gar ziehen lassen. Als Beilage einen gemischten Salat.

Axel Dittmar

Axel Dittmar, Referent des Oberbürgermeisters, ist Fan von Eintracht Frankfurt – mit Sympathien für den BVB und Arminia Bielefeld. Der ehemalige Tischtennisspieler mit Hang zu schlechter Beinarbeit liebt unter anderem Schokolade und kocht gerne Rezepte nach. Außerdem ist er Viel-Leser von Krimis und anderen Büchern, bevorzugt mit politischem Hintergrund.

Ich kann's seit den letzten Kochbuch immer noch nicht ... deshalb :

Iglo Schlemmerfilet à la Bordelaise

Packung aus dem Tiefkühlfach nehmen, aufmachen, den Fisch aber in der Aluschale lassen!
Die dann aufs Backblech in die mittlere Schiene des Ofens tun – der Ofen ist zu diesem Zeitpunkt natürlich schon vorgeheizt.
Das Schlemmerfilet etwa 20 - 25 Minuten bei 200 - 220 Grad backen lassen. Es ist fertig, wenn's goldbraun ist (war's bei mir bisher zwar nie, steht aber so auf der Packung...)
Aluschale kurz abkühlen lassen und dann mit Topflappen rausnehmen und den Fisch auf einem Teller Ihrer Wahl servieren.
Als Beilage empfehle ich Kartoffelsalat... natürlich den fertig abgepackten...

Guten Appetit wünscht
Tim Donsbach
Radio Bielefeld

Tim Donsbach – Reporter und Moderator – arbeitet bei *Radio Bielefeld* und anderen Lokalsendern. Der gebürtige Bielefelder, Spitzname Donnie, hat immer einen lockeren Spruch oder einen treffenden Gag auf der Zunge. Comedy ist deshalb auch ein „Schwerpunkt" seiner Arbeit. Schwer zu schaffen macht ihm anscheinend aber das Kochen. Im ersten Kochbuch gab's die berühmt-berüchtigte Donsbach-Pizza; jetzt ist er mit Backfisch unterwegs.

Für ungarnliebhaber

Fogasch egészben sütve
(Gebratener Zander)

4 junge Zander-küchenfertig
salz, Mehl, 1 TL Gewürzpaprika
Öl zum Braten, 1/2 Zitrone

Dem küchenfertigen Zander 2-3 x
das "Rückgrat brechen", salzen
und in gemischtem Mehl mit
Paprika wenden. In Halbkreis-
form in einer Pfanne mit siedend
heißem Öl braten von beiden
Seiten. Vorsichtig dabei, immer
die Form wahren" (Halbkreis).
Wenn die Fische schön braun
sind, aufrecht anrichten auf
Salatblättern und Zitronenscheibe unter dem Kopf.

Dazu: Petersilienkartoffel.
Sieht toll aus, schmeckt toll —
übrigens:
Am allerbesten an der Strandbude-
in Fettpapier, einfach so mit dem
Mund an der einen Seite entlang
knabbernd, dazu frisches ungar. Brot

Guten Appetit wünscht
Angelika Dopheide

Angelika Dopheide war von 1994 bis 1999 Oberbürgermeisterin in Bielefeld. Ein zentrales Thema der gebürtigen Bielefelderin und engagierten SPD-Politikerin: *Soziales Ungleichgewicht in dieser Stadt. Was kann man tun?* Noch heute ist die zweifache Mutter und vierfache Großmutter in verschiedenen sozialen Verbänden ehrenamtlich aktiv. Sie ist keine Fischliebhaberin, mag aber ihren gebratenen Zander, weil er pure „Urlaubserinnerung" ist: an die Ferien in der ungarischen Tiefebene.

Lachs-Cocktail

400g geräucherter Lachs
400g Meerrettich-Doppelrahm Frischkäse
2 EL gehackter Dill
2 EL Weißweinessig
4 EL Öl und Wasser
etwas Salz Pfeffer und Zucker
1 Kopf Salat

Den geräucherten Lachs klein würfeln
und in Schälchen verteilen. Frischkäse
cremig rühren und den Dill unterheben.
Die Frischkäsecreme mit einem Spritz-
beutel auf dem Lachs verteilen.
Weißweinessig, Öl und Wasser vermischen und
mit Salz Zucker und Pfeffer abschmecken.
1 Kopf Salat putzen und mit der
Vinaigrette mischen, zum Lachs servieren.
Dazu schmeckt Baguette.

Für 6-8 Portionen
schnell und einfach

D. und D.
aus Babenhausen

Dörte und Daniel aus Babenhausen sind gebürtige Bielefelder. Die beiden lieben gutes Essen, gesellige Treffen mit Freunden und Familie. Und sie kochen gerne.

Trilogie von der Jakobsmuschel

3 schöne Jakobsmuscheln
(TK ohne Rogen) werden wie folgt
zubereitet:

1. Carpaccio
noch leicht gefroren in dünne Scheiben
schneiden und mit Olivenöl, Zitrone,
Pfeffer, Salz, frischen Dill marinieren

2. in Butter gebraten
zum Würzen nur Pfeffer, Salz
Fond mit etwas Crème fraiche + Senf
abschmecken

3. im Speckmantel
mit einer Scheibe Bacon umwickeln
nicht würzen!
Kross braten oder Grillen!
mit Mango Chutney (aus dem Glas)
servieren!

Dazu Baguette und ein trockener
Weisswein (z. B. Sancerre)

Dr. Werner Efing – ein Mann mit vielen Fähigkeiten. Der Geschäftsführer im Unternehmerverband der Metallindustrie kann nicht nur gut kochen, er rührt auch – erfolgreich – in vielen Töpfen: Vorsitzender des Verwaltungsausschusses *Agentur für Arbeit*; Vorsitzender *Kuratorium Universitätsgesellschaft*, Aufsichtsratsvorsitzender *BITEL* und *Radio Bielefeld* und einiges mehr. Der Ehemann und Vater zweier Söhne spielt Tennis, Golf und fährt Ski; er reist gerne, liebt gutes Essen, gute Weine, Geselligkeit und – er ist leidenschaftlicher Sänger.

Spargel - Lachs - Terrine

Zutaten:
500 g tiefgekühltes Lachsfilet
500 g Spargel
100 g grüne Bohnen
250 ml Brühe
1/2 Bund glatte Petersilie
1 Zwiebel
1/2 Blatt Gelatine weiß
150 g Crème fraîche
Salz
frisch gemahlener Pfeffer
Essig

Zubereiten:
Brühe zum Kochen bringen und den Spargel mit den Bohnen mit Deckel 10 - 15 Minuten bei schwacher Hitze kochen. Petersilie grob hacken und würfeln. Gemüse aus der Brühe nehmen und abtropfen lassen. Zwiebel- würfel mit der Brühe zum Kochen bringen. Lachsfilet in Würfel schneiden dazugeben, mit Deckel etwa 10 Minuten bei schwacher Hitze kochen, dann pürieren.

Gelatine einweichen und mit Crème fraîche in der warmen Kochsahne auflösen, mit Salz, Pfeffer und Essig kräftig abschmecken. Kochsahne, Gemüse und Petersilie schichtweise in eine mit Frischhaltefolie ausgelegte Kastenform (25 x 11 cm) geben, dabei mit einer Kochschicht beginnen und abschließen, mit überstehender Folie abdecken. Die Terrine über Nacht oder mindestens 5 Stunden in den Kühlschrank stellen. Die Kochterrine aus der Form stürzen, die Folie abziehen und nach Belieben garnieren.

Tipp:
Bevor Sie die Kochsahne in die Form füllen, legen Sie einige Blätter glatte Petersilie auf die Folie.

Reinhard Eikel

Reinhard Eikel ist in Paderborn geboren, verheiratet und Vater zweier erwachsener Töchter. Seit Anfang 2003 sitzt er auf der Sonnenseite Bielefelds – im schönen Brackwede: Der Banker wurde Vorstandsvorsitzender der *Volksbank Brackwede*. Reinhard Eikel genießt gutes Essen – besonders Fischgerichte – und liebt einen guten Tropfen; alles gern in geselliger Runde. Sport treibt er theoretisch und praktisch: er ist Arminenfan, geht regelmäßig joggen und spielt Tennis.

Mangoldgratin mit Lachsfilet

Zutaten für 4 Personen:
700 g Kartoffeln
1 Staude Mangold (ca. 800 g)
500 g Lachsfilet
Salz und Pfeffer
1/4 l Bechamelsauce (Fertigprodukt)
100 ml Sahne
150 g geriebene Emmentaler

Die Kartoffeln mit der Schale nicht zu weich kochen, dann pellen und in nicht zu dünne Scheiben schneiden. Die Mangoldblätter vom Strunk schneiden, waschen u. 1 Min. in kochendem Salzwasser blanchieren. Mangoldblätter abschrecken u. trocken tupfen. Lachsfilet in 2 cm dicke Scheiben schneiden u. mit Salz u. Pfeffer würzen. Die Bechamelsauce mit der Sahne aufkochen. 100 g Emmentaler darin auflösen. Eine Auflaufform fetten, zuerst die Hälfte der Kartoffelscheiben u. die Hälfte Mangold einschichten. Salzen, Pfeffern u. mit etwas Sauce begießen. Die Lachsscheiben daraufgeben, restliche Kartoffelscheiben u. restlichen Mangold darüber verteilen. Ebenfalls salzen u. Pfeffern u. mit der Sauce begießen. Mit 50 g Emmentaler bestreuen und im 180° heißen Backofen auf der 2. Schiene von unten 40 Min. goldbraun backen.

Gutes Gelingen wünscht Angelika Esser

Angelika Esser – der Name ist Programm! Für Familie, Freunde und Gäste kommt immer wieder mal ein besonderes Gericht auf den Tisch. Die leidenschaftliche Hobbyköchin probiert viel Neues aus. Die gebürtige Bielefelderin, berufstätig, Mutter einer Tochter, genießt es, in ihrer Freizeit das schöne Allgäu zu erwandern. Ein Hobby ist außerdem noch ihre Bärensammlung. Alle Tiere werden von ihr – in liebevoller Handarbeit – kreiert.

Fish and Chips

Sie können den Fisch natürlich selber angeln, dann zerkleinern, in Stäbchenform pressen und panieren, sie können aber auch einfach eine 20er Packung tiefgefroren in jedem Supermarkt kaufen. Dann sind sie auch in etwa einer halben Stunde fertig.

Einfach 1 Kilo Kartoffeln waschen und in Spalten schneiden, dann auf einem mit Backpapier belegten Backblech verteilen. Mit etwas Öl bestreichen und Salz bestreuen und dann für ca. 15 Minuten in den auf 180°C vorgeheizten Backofen stecken.

Nach 15 Minuten dann die Fischstäbchen auch mit auf das Backblech legen und noch mal eine Viertelstunde warten.

Ein bischen Remoulade und Ketchup dazu – fertig!

Bei den angegebenen Mengen reicht's bei großem Hunger für zwei Personen. Bei normalem Hunger sogar für vier.

Guten Appetit!

Timo Fratz
Radio Bielefeld

Timo Fratz ist studierter Politologe und seit Mitte 2003 bei *Radio Bielefeld*. In seiner Heimatstadt ist er häufig als Reporter unterwegs; moderiert und arbeitet in der Redaktion. Sein größtes Hobby: Fußballspiele und Fußballspielen; zur Zeit tritt er für den VfL Schildesche an den Ball. Beim Kochen kommt er etwas schwerer in die Gänge …

Zitronen-Knoblauch-Gambas auf Bandnudeln mit Tomatenpesto (für 4 Personen)

Zutaten:

ca. 450g - 500g Gambas ohne Schale (tiefgefroren)
Saft von einer 1/2 Zitrone
2 mittelgroße Knoblauchzehen
Olivenöl, Meersalz, Pfeffer aus der Mühle
400g - 500g Bandnudeln
rote Pesto aus dem Kühlregal oder selbst gemacht

Zubereitung:

Gambas in einen Durchschlag legen und mit kaltem Wasser übergießen. Knoblauchzehen in Scheiben schneiden. Gutes Olivenöl in einer Pfanne erhitzen, Gambas darin anbraten, bis sie fast fertig sind. Mit Salz und Pfeffer würzen. Jetzt die Knoblauchscheiben dazu. Diese kurz mitbraten und dann mit dem Zitronensaft ablöschen. Unter ständigem schwenken den Saft einkochen lassen. Die gekochten Nudeln mit 3-4 TL Pesto vermengen. Pesto-Nudeln in der Mitte des Tellers anrichten, Zitronen-Knoblauch-Gambas darauf - Fertig! Guten Appetit.

Gudrun Frensch-Groß ist Eventmanagerin, seit 1999 selbstständig mit der Firma *frensch & friends*. Mit ihren Freunden – z. B. Gastronomen, Künstlern, Technikern – gestaltet sie Firmenevents von der Idee bis zur Umsetzung. Ansonsten ist die Ehefrau und Mutter zweier erwachsener Töchter Genießerin: Essen gibt es nach dem Motto „wenig aber lecker". Muskelkater holt sie sich bei ihrem Hobby „Gartenarbeit" und Entspannung findet sie beim Reisen, gerne nach Griechenland.

Orientalische Fischbällchen

450 g Bulgur, fein
1 Zwiebel
700 g „weißes" Fischfilet
2 EL Zitronensaft
Salz, Pfeffer

Bulgur 10 min. in Wasser (2:1)
einweichen, Zwiebel sehr klein hacken,
Fischfilets auch, dann alles zusammen
im Küchentuch auswringen.

50 g getr. Aprikosen, klein gewürfelt
25 g Datteln, klein gewürfelt
3 EL Koriander, gem.
1 EL Öl
1 Zwiebel
2 dl Eiswasser
2 EL Zitronensaft

Zwiebel hacken und in Öl schmoren, Aprikosen,
Datteln, Koriander dazu, mit Eiswasser und
Zitronensaft ablöschen.

Aus der Bulgur-Masse ca. 20 Kugeln formen,
in jede ein Loch drücken für die Aprikosa-Dattel-
Füllung und verschließen. Kugeln in die Friteuse
geben und dazu Joghurt-Gurken-Sauce (Tzatziki
ohne Knoblauch).

Britta Freund

Britta Freund, Jahrgang 61, lebt im schönen Bielefelder Norden – in Jöllenbeck. Vor rund 25 Jahren hat sie angefangen, sich für das gesundheitsbewusste Kochen zu interessieren; dabei machte sie auch die ersten Erfahrungen mit vegetarischer Küche. Sie hat gerne für Gäste gekocht, nach Rezepten aus aller Welt und sie hat immer auch wieder was Neues ausprobiert. Heute ist das mit dem Kochen etwas weniger geworden; die Gästerunden etwas kleiner, das aufgeschriebene Rezept aus dem Libanon ist aber immer noch in ihrem privaten Kochbuch.

Kabeljaufilet mit
Ciabatta – Pinienkern – Kruste

Zutaten f. 4 Personen:
400 g Kabeljau – Filet
300 g Möhren
1 Beutel Fix f. Lachs-Sahne-gratin
250 g Sahne
60 g Ciabatta – Brot
40 g Butter
20 g Pinienkerne
1 EßL. Petersilie

Zubereitung:
Möhren schälen, in dünne Scheiben schneiden
und in eine flache Auflaufform geben.
Darüber das Fischfilet verteilen.
Fix f. Lachs-Sahne-gratin in Sahne
einrühren und über den Fisch gießen.
Ciabatta mit dem Blitzhacker zu Bröseln
verarbeiten, mit zerlassener Butter
vermischen, Pinienkerne und Petersilie zugeben.
Diese Mischung auf dem Fisch verteilen.
Im vorgeheizten Backofen bei
200 Grad / Umluft 170 Grad etwa 25 Min.
garen.

Guten Appetit!
Petra Gauer aus Ballentausen

Petra Gauer ist gebürtige Bielefelderin und gehört, wie sie selber gesagt hat „zur aussterbenden Rasse" – sie ist
Hausfrau. Die Mutter von drei Kindern kocht und backt gerne für ihre Familie. Wenn sie Zeit hat, fährt sie mit dem Rad
durch die Bielefelder Natur, früher mit Kind und Kegel, heute noch mit dem Ehemann.

Geräucherte Lachsforelle

Zutaten:
Große Lachsforelle
Möhre
Stange Poré oder junge Zwiebel
Grobes Salz
Dill

Fisch "fangen", Innereien ausnehmen, Kopf abtrennen und waschen. Von außen und innen gut salzen und mit Möhrenscheiben, Zwiebeln und viel Dill füllen. Etwa eine Stunde bei Zimmertemperatur stehen lassen. Zwei Stück Zucker und eine Handvoll Holzspäne in den Räuchertopf legen, auf ein offenes Feuer z.B. Grill stellen. Den Fisch etwa 20 Minuten im Rauch ziehen lassen. Wenn der Fisch gar ist, das Fleisch aus der goldbraunen Haut lösen und servieren. Hyvää ruokahalua! Eva Gertz

Eva Gertz ist gebürtige Finnin. Sie ist verheiratet, hat eine Tocher und lebt „schon eine Ewigkeit in Deutschland". Bielefeld hat sie richtig fest im Griff – sozusagen mit Haut und Haaren! Denn Eva Gertz ist Pressesprecherin der *Dr. Wolff-Gruppe*. Sie kocht gerne; ist Steak-Expertin und liebt Nachtische. Fisch mag sie nicht so sehr, den habe sie als Kind zu oft essen müssen. Doch die geräucherte Lachsforelle scheint ein heißer Tipp!

Mein „Bayerischer Salat"
(Kartoffel-Gurkensalat mit Brathering)

Zutaten:

ca. 3 kg Kartoffeln, 1 große Salatgurke, gutes Olivenöl, Essig,
1 1/2 Teel. Salz, Salatschale, Salatbesteck.

So wirds gemacht:

Pellkartoffeln kochen, abkühlen lassen, von der Schale befreien,
in Scheiben schneiden.

Salatgurke schälen, längs halbieren, um 2 lange Hälften zu
bekommen, beide Seiten einzeln hobeln.

Aus Öl, Essig, Pfeffer, Salz (evtl. nachwürzen) eine Salatsoße
zubereiten.

Die in Scheiben geschnittenen Kartoffeln hinzufügen.
Die geschnittenen Gurkenscheiben werden vorsichtig darunter
gemischt.

Der Salat wird mehrere Stunden gekühlt, damit er gut schmeckt.

Zum „Bayerischen Salat" wird ein leckerer Brathering gereicht.

Hinweis:

Am besten schmeckt der Salat, wenn es draußen warm ist und etwas
Erfrischendes zum Essen gewünscht wird.

Vorsicht:

Er ist schneller „alle", als man denkt.

Angelika Gemkow, überzeugte Bielefelderin und erfahrene Sozialpolitikerin der CDU, ist Liebhaberin von Fischgerichten
– und das in allen Variationen. „Besonders große Freude machen mir die sieben Fische in meinem Gartenteich". Aber
nicht nur die und den Garten genießt die verheiratete Mutter von zwei erwachsenen Kindern, sie fährt gerne Rad und
geht regelmäßig schwimmen.

Lachsfilet auf Gurkengemüse
(für 4 Personen)

Zutaten:

4 frische oder gefrorene Lachsfilets
1 Schlangengurke
1 Zwiebel
2 Teel. Butter
200 gr Sahne o. Schmand
fein gehackter frischer Dill
Salz, Pfeffer

Zubereitung:

Zwiebeln würfeln und im Butter glasig dünsten. Die Schlangengurke schälen, halbieren und das Kerngehäuse entfernen. Dann in kleine Streifen schneiden mit den Zwiebeln ca. 10 Min. dünsten. Salz, Pfeffer und Dill dazu geben. Die Lachsfilets auf das Gemüse legen und weitere 10 Min. bei geschlossenem Deckel dünsten. Am Schluß die Sahne dazu geben, die noch etwas einköcheln lassen. Wenn nötig etwas binden.

Dazu passen hervorragend grüne Bandnudeln.

Heike Gehner

Heike Gehner ist gebürtige Bielefelderin, lebt in Heepen. Als Ehefrau, Mutter von drei Kindern und Inhaberin von *Salon Gehner* ist sie oft unter Termindruck und muss immer alles schnell organisieren. Deshalb sei sie auch keine große Kochkünstlerin. „Meine Tochter ist jedoch der Meinung, ich solle ein Restaurant eröffnen. Ich sei die beste Köchin".

Merlanfilets auf Gemüsenudeln

Zutaten für 4 Personen
640 g Merlanfilets
1   Zitrone
100 ml Weißwein
250 g Bandnudeln
100 g Möhren
100 g Lauch
100 g Sellerieknolle
170 g Butter
200 ml Sahne
Salz, Pfeffer, Kerbel

Zubereitung:
Die Merlanfilets mit Zitronensaft und Salz würzen. Das Gemüse waschen, putzen und in feine Streifen schneiden, danach kurz blanchieren. Die Bandnudeln im Salzwasser mit biss kochen. 50g Butter in einer Pfanne zerlassen die Merlanfilets einlegen und mit Weißwein ablöschen, 3-4 Minuten mit Deckel Dünsten.
In einer zweiten Pfanne die restliche Butter zerlassen die Gemüsestreifen darin anschwitzen dann die Bandnudeln zugeben mit Salz und Pfeffer würzen und durchschwenken.
Mit Sahne auffüllen und kurz aufkochen lassen.
Jetzt die Gemüsenudeln auf vorgewärmte Teller anrichten.
Die fertig gedünsteten Merlanfilets drauflegen und mit einem Kerbelsträußchen garnieren.

Stefan Gehring kann's! Der Mann ist Profi-Koch! Er arbeitet beim *Studentenwerk Bielefeld* und ist Chefausbilder für Koch und Köchinnen einer FH-Mensa. Seit 18 Jahren lässt er die Kochlöffel schwingen, und das Arbeiten mit jungen Auszubildenden macht ihm immer noch Spaß und Freude. Und wenn er Zeit hat, um von dem doch hektischen Beruf zu entspannen, genießt er den eigenen Garten.

Aal grün auf Berliner Art.

750g Aale

Salz

Zitronensaft

1 Schalotte

40g Butter

3/8 L Fischbrühe

20g Mehl

20g Butter

gehackte Kräuter

Aale häuten, säubern, salzen, mit Zitronensaft beträufeln. Fein geschnittene Schalotte
in Butter glasig schwitzen, Brühe angießen
die Aale hineingeben und garen. Mehl
und Butter verkneten, in Aalbrühe zergehen
lassen, 10 Minuten kochen Kräuter z.B. Dill
in die Soße geben, 5 Minuten ziehen
lassen. Dazu Gurkensalat.
- Garzeit 30 Minuten -

„Der Fisch ist das Erkennungszeichen der Christen" sagt Michael Geymeier, Pastor der Bielefelder *Heilsarmee*. Der gebürtige Emdener versucht, Wohnungslosen, Alkoholikern und Drogenabhängigen zu helfen. „Menschen in Not" – Seit sieben
Jahren leitet Michael Geymeier die *Heilsarmee* in Bielefeld. Zuvor war der Ehemann und Vater dreier Kinder in Berlin tätig.

SEEZUNGE
à la Chef

Zutaten:
1 Glas Kapern
2 Zitronen
4 Seezungenfilets
200 g Butter
Salz, Pfeffer

Seezungen waschen, trocken tupfen und in dem Saft einer Zitrone ziehen lassen. Die andere Zitrone häuten und in Würfel schneiden. Die Seezunge in der Pfanne in Butter von beiden Seiten hellbraun anbraten, salzen und pfeffern. Aus der Pfanne nehmen und warm stellen.

Für die Soße:
Die restliche Butter in der Pfanne erhitzen, mit der gewürfelten Zitrone, dem Zitronensaft und den kleingehackten Kapern einkochen lassen – Fertig!

Mit Kartoffeln und Salat servieren.

Henrike Gieselmann

Henrike Gieselmann ist gelernte Mediengestalterin; seit 2003 geschäftsführende Gesellschafterin des gleichnamigen Druck- und Medienhauses in Quelle. Die gebürtige Bielefelderin mag ihren Beruf; liebt ihre Pferde Tara, Flamme und Flöhchen; kocht gerne für Gäste und Freunde und ist eine aufmerksame Gastgeberin. Henrike Gieselmann schätzt ihre Queller Heimat und engagiert sich u. a. in der *Queller Gemeinschaft*.

Dorade mit Kräuterpaste

1 große Dorade; schwarzer Pfeffer; 1 Biozitrone,
Safran; 1 TL Paprika, scharf; 1 TL gem. Kreuzkümmel; 1 rote Chilischote; 1 x Petersilie; ½ Koriander
2 Zwiebeln; 1 Knoblauchzehe; 250 ml Weisswein,
Olivenöl

1. Dorade waschen, trocken tupfen, mit Pfeffer
   und Salz (Fleur du Sel !) einreiben
2. Saft der halben Zitrone mit Safran (½ TL),
   Paprika & Kreutkümmel mischen;
   von der anderen Zitronenhälfte die Schale abreiben; Zitrone in Scheiben schneiden, in der
   Bauchhöhle des Fisches verteilen.
   Chili, Petersilie, Koriander hacken,
   Zwiebeln + Knoblauch würfeln → mit Zitronen-
   saftmischung verrühren.
3. Dorade seitlich einschneiden, →⟨|||⟩◁
   Gewürzmischung in die Einschnitte streichen.
   Fisch auf ein tiefes Backblech legen,
   Wein zugeben, mit 3 EL Öl beträufeln.
4. Im vorgeheizten Ofen auf der 2. Schiene
   von unten bei 180°C 35-40 min. knusprig
   backen.

→ Dazu passt Baguette od. Fladenbrot
   und ein grüner Salat
Guten Appetit!

Georg Gleissner

Georg Gleissner ist Liebhaber von Fisch („aber nur, wenn mir jemand die Gräten rauszupft") und Chef von *Ikea* Bielefeld. Seit 30 Jahren arbeitet der gebürtige Hammer bei dem schwedischen Möbelriesen. Abends hat Ehemann Gleissner ab und zu auch noch Zeit zum Kochen und Lesen – und für sein liebstes Hobby: seine vier Kinder.

Fischfilet mit Kartoffelkruste

250 g Kartoffeln → schälen, grob raspeln
125 g Champignons → putzen, in Scheiben schneiden

1 kl. Zwiebel
1 Knoblauchzehe } würfeln, in 1 EL Öl andünsten
Champignons dann anbraten, Kartoffelraspel unter Wenden mitanbraten, mit

Salz, Pfeffer
getr. Thymian   würzen

750 g Seefischfilet   Fisch mit Zitronensaft
Saft von 1 Zitrone   beträufeln, mit Salz
                         und Pfeffer würzen

In eine flache Auflaufform legen, Kartoffel-Champignon-masse darüber geben.
Im vorgeheizten Backofen 200° ca. 20 Min. überbacken

250 g Knollensellerie
350 g Möhren   } Gemüse putzen, in dünne
400 g Porree   Streifen bzw. Ringe
                        schneiden. In 2 EL Öl
                        ca. 3 Minuten andünsten

1 EL Mehl   mit Mehl bestäuben

100 ml Gemüsebrühe } Gemüse damit angießen,
150 g Sahne   unter Rühren zum
                     Kochen bringen, 5 Min.
                     garen. Mit Salz und
                     Pfeffer würzen.

Fisch auf dem Gemüse anrichten. Mit Thymian Petersilienblättchen und Zitronenscheiben garnieren.

Gudrun Grohmann
- Südwestfeld -

Gudrun Grohmann ist in Ummeln geboren, wohnt jetzt um Ummeln 'rum. Die Ehefrau und Mutter von zwei Kindern ist berufstätig, kocht „für mein Leben gerne". Sie genießt ihren Urlaub – am liebsten in Andalusien, aber noch lieber in Bayern. Sie bewegt sich gerne – als Mitglied im Turnverein und in ihrem eigenen Garten.

Seeteufel im Serrano-Schinkenmantel
mit Kichererbsenpüree und Chorizobutter

800 g   Seeteufelfilet geputzt
10   gr. Scheiben Serrano-Schinken

Kichererbsenpüree:

200 g   Kichererbsen getr.
2   Knoblauchzehen
1   Zweig Rosmarin
1   Zweig Thymian
1½   Zitrone
mildes Kaltgepresstes Olivenöl

Kichererbsen in angesalzenem Wasser (kalt auf-
stellen) mit dem ganzen Rosmarin- + Thymian-
zweig und den geschälten und zerkleinerten
Knoblauchzehen kochen, bis sie weich sind.
Dann erst mit Salz und Pfeffer würzen und
im Kochfond ca. 1 Std. ziehen lassen.
Im Mixer mit etwas Kochfond pürieren,
Olivenöl untermischen und mit Salz, Pfeffer,
Muskat, etwas Zucker + Zitronensaft abschmecken.

Chorizobutter:

100 g Chorizo
100 g Butter

Chorizo durch die feine Scheibe des Fleischwolfes lassen und mit der weichen Butter mixen.
Mind. 2 Std. ziehen lassen.

Seeteufel mit dem Schinken umwickelt in Olivenöl vorsichtig anbraten, dann auf die Seite
legen, an der der Schinken überlappt und im
Ofen bei ca. 180°C ca. 8 Min. garen – pro
Portion einen guten Eßlöffel Chorizobutter
dazu geben.
Das Kichererbsenpüree erwärmen, den Fisch
auf dem Püree anrichten und die Chorizobutter darüber geben.

Guten Appetit!

Bernhard Grubmüller

Ein Münchner in Bielefeld – und das schon seit neun Jahren! So lange ist Bernhard Grubmüller Küchenchef und Betriebsleiter im *Tomatissimo* (15 Punkte Gault Millau). Vorher war er – nach Abitur und Zivildienst – einige Jahre im In- und Ausland bei verschiedenen Star- und Sterneköchen. In seiner Freizeit genießt Bernhard Grubmüller seine Hobbys: Lesen, Joggen, Fußball und – Essen gehen.

Helles Curry vom Fisch (ein mauritianisches Gericht)

- 750 g fleischige weiße Fischfilets
- 1/2 Teelöffel gemahlener Kurkuma
- 1 Teelöffel Salz, 1 mittelgroße Zwiebel (feingehackt), 2 Knoblauchzehen (feingehackt)
- 375 ml ungesüße dünne Kokosmilch
- 125 ml ungesüße dicke Kokosmilch
- Zitronensaft nach Geschmack
- frisch gehackter Thymian

Den Fisch waschen mit Küchenpapier abtrocknen. Mit Kurkuma und Salz einreiben. Zwiebel, Knoblauch, Thymian, dünne Kokasmilch und 1/2 Teelöffel Salz dünsten, bis die Zwiebel weich ist. Durchrühren, den Fisch einlegen und 10 Minuten auf kleiner Flamme garen. Die dicke Kokosmilch zugeben, noch einige Minuten weiterkochen, dann vom Feuer nehmen und nach Geschmack Zitronensaft einrühren. Mit weißem Reis servieren.

Bon appétit

Christine Gundlach

Dr. Christine Gundlachs große Leidenschaft ist das Kochen und Backen. Aber nicht nur ihr Mann und ihre Kinder Kevin und Antonia genießen das, auch der Freundes- und Bekanntenkreis freut sich über große Einladungen mit mehreren Gängen. „Ich hätte gerne beruflich was in dieser Richtung gemacht". Dr. Christine Gundlach war aber als Unternehmensberaterin in internationalen Firmen tätig.

Pangasiusröllchen

Zutaten für zwei Personen:

4 Pangasiusfilets, Räucherlachs in Scheiben, Weißwein, Wermeth (trocken), Fischfond, Sahne, Zitrone, Garnelen (Shrimp) Gewürze.
Die jeweiligen Mengen kreativ dem eigenen Geschmack anpassen.

Zubereitung:

Die Pangasiusfilets waschen und trocken tupfen. Mit Räucherlachsscheiben belegen, einrollen und mit zwei Rouladennadeln zusammen halten.
Die Röllchen mit Zitronensaft beträufeln und in einer feuerfesten Form in Butter leicht anbraten.
Mit trockenem Weißwein und Fischfond (aus dem Glas) ablöschen und bei etwa 150° im Backofen circa 30 Minuten garen.
Röllchen aus der Form nehmen und in der Form aus Fischfond, Weißwein, Wermouth, Sahne und Gewürzen eine Soße bereiten. Gewürze nach eigenem Geschmack - z.B. ein Hauch Knoblauch, Pfeffer, Ingwer, Dill oder ganz einfach ein Fischwürzer aus der Dose.
Vorhandene Lachsreste sehr klein geschnitten der Soße zufügen. Ebenso die Garnelen oder Krabben. Beides in der Soße garen.
Die warm gehaltenen Röllchen in einem Bett aus grünen Nudeln oder Reis servieren und mit der Soße übergießen.
Dazu gehört ein trockener Riesling.
Guten Appetit!

Horst Haase

Sein Name ist Haase – und er weiß fast alles! Als ehemaliger leitender Polizeidirektor kann Horst Haase planen, organisieren, delegieren. Vielleicht war der Ehemann und Vater von zwei Kindern deshalb auch zehn Jahre lang Ratsherr und arbeitet noch heute – im Ruhestand – als Presbyteriumsvorsitzender in der Reformierten Kirchengemeinde und in der Leitung des Bielefelder Kirchenkreises mit.

Bauernessen mit Räuchermakrelen

Zutaten:

- 2 geräucherte Makrelen
- 1 kg Pellkartoffeln
- 1 Bund Schnittlauch
- 1 Zwiebel

- 75g durchw. Speck
- 50g Magarine
- 4 Eier
- Salz, Pfeffer

Zubereitung:

Pellkartoffeln in Scheiben schneiden.
Zwiebel + Speck fein würfeln

Beides in Fett andünsten + die Kartoffeln
darin knusprig braten.

Eier mit den Gewürzen verschlagen,
darüber geben und stocken lassen.

Die Makrelen häuten + entgräten
und auf dem Bauernessen anrichten.

Mit Schnittlauch bestreuen - fertig !

... dazu schmeckt ein kühles
Pils

Tanja Häbler, Radio
Bielefeld

Tanja Häbler ist studierte Politologin und Anglizistin und gelernte Journalistin. Sechs Jahre lang hat die gebürtige Siegenerin bei verschiedenen Radiosendern gearbeitet. Seit Sommer 2007 ist sie eine liebe Kollegin in der Redaktion von *Radio Bielefeld*. In ihrer Freizeit kocht sie gerne mit ihrem Freund und Freunden; sie mag Kino „schön schnulzig oder richtig spannend", sie liest gerne und liebt die Natur im Teutoburger Wald und im Bürgerpark. Und sie ist „reisetechnisch" ziemlich oft unterwegs.

Gegrillter Kabeljau auf fröhlichen Nudeln (4 Pers.)

700-800 g Kabeljau oder Schellfisch
500 g Bandnudeln ("Gourmetnudeln" vom Aldi)
1 Zitrone
3 kleine Möhren, in feine Stifte geschnitten
200 g Champignons, in dünne Scheiben geschnitten
1 Bund Frühlingszwiebeln
weiche Butter
1 TL Petersilie
ein wenig Estragon, Rosmarin, schw. Pfeffer aus der Mühle

Der Fisch soll aus dem Nordmeer kommen und kann in Bielefeld gern auch tiefgekühlt sein. Keinen Seelachs verwenden, denn sein Name täuscht nicht vorhandene Qualität vor!
Fischfilets von Gräten entfernen und mit dem Saft 1/2 Zitrone beträufeln. Im Saft auftauen lassen.
Möhren und Pilze schneiden. Das weiße Ende der Frühlingszwiebeln in feine, das grüne Ende in 1 cm dicke Ringe schneiden.
Nudeln in reichlich Salzwasser nicht zu lange kochen.
Fischfilets mit der Außenseite nach unten nebeneinander in eine feuerfeste Form legen. Mit Butter bestreichen, salzen und pfeffern. Im Ofen von oben grillen, bis der Fisch gar ist.
Gemüse in einer Pfanne in Butter kurz anbraten, so, dass die Möhren knackig bleiben. Salz, Pfeffer und Gewürze hinzugeben. Den Saft 1/2 Zitrone über das halb gare Gemüse gießen, kurz umrühren. In einer großen Schüssel alles mit den Nudeln vermengen. Die fröhlichen Nudeln auf Pasta-Tellern anrichten und den Fisch in großen Stücken darauf legen.
Dazu passt ein kräftiger Weißwein.

Inga Lin & Papa   Fridrik Hallsson

Er ist im zweitgrößten Inselstaat Europas geboren – auf der größten Vulkaninsel der Welt: in Island. Seit 30 Jahren lebt Fridrik Hallsson in Bielefeld mit seiner Frau und zwei erwachsenen Töchtern. Er kocht leidenschaftlich gerne und isst am liebsten aus Island eingeflogenen Trockenfisch. Sein Rezeptvorschlag ist allerdings „untypisch isländisch" – bis auf den verwendeten Fisch. Da hat Fridrik Hallsson schon ganz bestimmte Vorstellungen!

Seeteufelfilet Sizilianisch

Seeteufelfilet (ca. 150 g pro Person) Salz, Zitronensaft Butterschmalz	Fischfilet säubern, säuern, salzen, in Medaillons schneiden und braten.
Olivenöl Zwiebeln, gewürfelt Knoblauch, gewürfelt frische Tomaten, gehäutet (alternativ aus der Dose)	Tomatensoße herstellen. Gut köcheln lassen!
Schwarze Oliven Kapern Sardellenfilets Salz, Zucker	hinzufügen und abschmecken.

Tomatensoße in eine flache Schale
geben. Fischfilets hineinlegen.
Dazu italienisches Weißbrot und
trockenen italienischen Weißwein
reichen.
Guten Appetit!

Hanna Hanekamp

Hanna Hanekamp ist Chefin der Firma *Kistenmacher Fisch & Feinkost*. Die gebürtige Niedersächsin und Mutter zweier erwachsener Kinder ist Italien-Fan und begeisterte Liebhaberin der italienischen Küche, besonders der Fischgerichte „weil sie aus wenigen einfachen Zutaten die tollsten Gerichte zaubern". Mit ihrem Rezept gibt sie davon eine Kostprobe.

Loles Lieblingsrezepte
originale von 1967 *

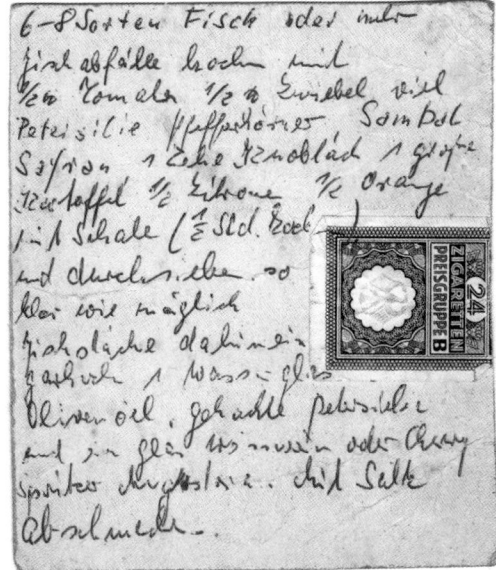

Hausens
Fischsuppe

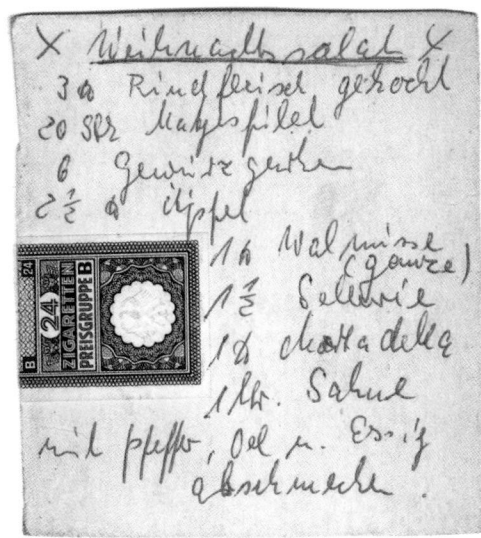

Hausens
Lieblings-
salat
f. 4 Pers.

von Kapitän Horst Hansen
*

Lole Hansen-Bartoldus

Lole Hansen-Bartoldus kommt aus dem Norden, mag den Süden und lebt in der Mitte. Die gefühlte Hanseatin lebt seit mehr als 40 Jahren in Bielefeld, ist verheiratet und hat zwei erwachsene Söhne. In ihrer Freizeit ist sie oft „on Tour": Kurzurlaube in Italien, Strandspaziergänge an der Ostsee oder Trödeltag in Kaunitz. Lole Bartoldus liebt Ungewöhnliches und Ausgefallenes, deckt gerne den Tisch für Gäste, ist hilfsbereit und einfühlsam und – eine leidenschaftliche Malerin.

Französisches Lotzengericht

Dieses Rezept hat sich bei den Patienten der Klinik Dr. Hartog sehr bewährt. Auch Personen, die keine Fischgerichte mögen, konnten wir mit diesem Auflauf überzeugen.

(Zutaten für 4 Portionen)

1. Eine große Auflaufform mit 1 TL Butter einfetten.
2. 600 g Kabeljaufilet in 1/4 l Fischfond mit 2 Lorbeerblättern ca 10 Min. garen, aus dem Fischfond nehmen, kalt stellen. Den Fischfond für die Soße zurückstellen.
3. 300 g Champignons säubern, klein schneiden, in einer Bratpfanne bräunen, mit Salz und Pfeffer würzen.
4. Fischsoße bereiten: 30 g Butter – zerlassen, 35 g Mehl – unter Rühren so lange darin erhitzen, bis es hellgelb ist; 350 ml Fischfond, 1 TL Zitronensaft oder frische Zitronenmelisse, 1 EL Weißwein – vermengen, hinzugießen, mit dem Schneebesen durchschlagen, die Soße zum Kochen bringen; 1/8 l Sahne, 1 EL Parmesankäse, 2 EL Frischkäse – hinzugeben; Honig und Salz – zum Abschmecken. Die Zitronenmelisse entfernen.
5. Die Auflaufform füllen mit Kabeljaufilet, dann die Champignons, diese mit Soße übergießen.
6. Den Auflauf mit 40 g Raspelkäse bestreuen.
7. 3 Tomaten mit dem Sparschäler schälen, in Achtel Stücke schneiden, auf den Auflauf verteilen.
8. Den Auflauf abbacken: Strom – 170 °C ; Garzeit – 20 Min.

Französisches Lotzengericht wird mit Salzkartoffeln und Salatbeilage serviert.

Guten Appetit

Eva Hartog / Klinik Dr. Hartog

Fischfilet in Folie

750 g. Fischfilet (Lachs, Heilbutt)
Zitronensaft
Salz
Pfeffer
1/2 Bund Petersilie
3 - 4 Tomaten
150 g. Sahne oder Crème fraîche
1 Epl. Zitronensaft
1 Epl. Dillspitzen

Das Fischfilet abspülen, mit Zitronensaft
beträufeln und salzen. Ca 10. Minuten
stehen lassen. Dann auf starke Alufolie
legen. Mit Salz und Pfeffer würzen.
Gehackte Petersilie und in Würfel
geschnittene Tomaten dazugeben. Fett
in Flöckchen daraufgeben. Folie gut
verschließen und auf Backrost in den
Backofen. Nach Beendigung der Garzeit

den Sud in eine Pfanne geben.
Sahne oder Crème fraîche zufügen und
aufkochen. Mit Zitronensaft, Salz
und Dill pikant abschmecken
und zu dem Fisch reichen.
Dazu Reis servieren

Heißluft   160 - 180°C
Garzeit   50 - 55 Minuten

aus: Miele „Backen, Braten und
                    grillen"

Guten Appetit

Britta Haßelmann

Britta Haßelmann, diplomierte Sozialarbeiterin, Ehefrau und Mutter eines Sohnes. Die gebürtige Straelenerin lebt seit ihrer Studentenzeit in Bielefeld, hat hier seit 1989 Politik für die Grünen gemacht: Erst auf kommunaler Ebene, dann Landespolitik, seit 2005 ist sie Mitglied des Bundestages. Sie vertritt die Grünen im Ausschuss für Familie, Senioren, Frauen und Jugend und im Finanzausschuss. Am Wochenende genießt sie ihre Familie, den Teuto oder feuert Arminia an.

Hechtklößchen auf gelber
Paprikasoße

Zubereitung Hechtklößchen:

300 g Hechtfilet – würfeln oder in feine Würfel
schneiden
– gut durchkühlen
– in einer Küchenmaschine
nach und nach mit...

150 ml Sahne – zu einer geschmeidigen,
leicht glänzenden Masse
verarbeiten (cuttern).
Mit

Salz, Pfeffer,
Dillspitzen und – verfeinern und
Noilly Prat abschmecken

Die fertige Farce mit zwei Suppenlöffeln
zu Klößchen formen und in Fischfond
oder heißem Wasser mit Weißwein, Lorbeer,
Wacholderbeeren, Dill, Zwiebel, Salz und
Pfefferkörnern bei ca. 80-85°C garziehen

Zubereitung Paprikasoße
1½ St. gelbe Paprika
1 St. kleine Zwiebel putzen und in feine
Würfel schneiden
sie, mit

40 g Butter im Topf glasig anschwitzen,
mit
1 EL Mehl abstäuben und mit
100 ml Fischfond ablöschen
250 ml Sahne auffüllen.

Ca. 5 Minuten reduzieren
lassen und mit Salz
und Pfeffer abschmecken.

Je nach Schnittgröße der
Zitaten kann die Soße auch
mit einem Stabmixer
püriert werden.

Dazu können Sie servieren:
- Blattspinat oder auch zum Beispiel
  geschmortes Zucchinigemüse
- Basmati-, Wild oder Langkornreis,
  Bandnudeln
    Guten Appetit

Raoul Haus
Ausbildungs- und Tagungshotel
Lindenhof
- Küchenleitung -

Raoul Magnus Haus ist Profi-Koch. Der gebürtige Braunschweiger ist Küchenchef im *Ausbildungs- und Tagungshotel Lindenhof* und im *Berufsbildungswerk Bethel*. Raoul Haus ist seit 2000 in Bielefeld und hat vorher in den verschiedenen Küchen eines großen Hotelkonzerns gearbeitet. Das größte Hobby des Koch-Spezialisten: „Meine Familie" – die Ehefrau und die beiden Kinder.

Liebe Leserinnen und Leser,
für diejenigen, die keinen
Fisch essen (wie ich!): Es gibt
einen weiteren Aspekt unseren
kalten Fisch zu genießen!
In diesem Sinne: guten Appetit.
Ihr, Michael Heicks

Christian Friedrich Daniel Schubart, 1739-1791

In einem Bächlein helle,
Da schoß in froher Eil
Die launische Forelle
Vorüber wie ein Pfeil.

Ich stand an dem Gestade
Und sah in süßer Ruh
Des muntern Fischleins Bade
Im klaren Bächlein zu.

Ein Fischer mit der Rute
Wohl an dem Ufer stand,
Und sah's mit kaltem Blute,
Wie sich das Fischlein wand.

So lang dem Wasser Helle,
So dacht ich, nicht gebricht,
So fängt er die Forelle
Mit seiner Angel nicht.

Doch endlich ward dem Diebe
Die Zeit zu lang. Er macht
Das Bächlein tückisch trübe,
Und eh ich es gedacht,

So zuckte seine Rute,
Das Fischlein zappelt dran,
Und ich mit regem Blute
Sah die Betrogene an.

Die ihr am goldenen Quelle
Der sicheren Jugend weilt,
Denkt doch an die Forelle,
Seht ihr Gefahr, so eilt!

Meist fehlt ihr nur aus Mangel
Der Klugheit, Mädchen, seht
Verführer mit der Angel!
Sonst blutet ihr zu spät!

Vertont von
Franz Schubert, 1797-1828

Seit Januar 2005 ist Michael Heicks Intendant des Bielefelder Theaters. Zuvor war er hier vier Jahre lang Schauspieldirektor. Bevor Michael Heicks nach Bielefeld kam, arbeitete er als freier Regisseur an verschiedenen nationalen und internationalen Theatern, u. a. in Salzburg, Basel und am Thalia Theater Hamburg. Heicks hat Schauspiel und Regie studiert und u. a. auch an der Hochschule für Film und Fernsehen München gearbeitet. In seiner knappen Freizeit genießt er die Natur – mit dem Radl.

Gefüllte Dorade aus dem Backofen

Zutaten: 1 Dorade ca 1,2 kg küchenfertig

Füllung: 1 Brötchen, 1/8 L Milch, 1 Zwiebel, 50 g Stangensellerie, 50 g Möhre, 20 g Butter, 1 Knoblauchzehe, 1/4 TL abgerieb. Zitronenschale, 2 TL gehackte Petersilie, je 1 Salbei u. Basilikumblatt gehackt, 1 Ei, Salz, Pfeffer

Außerdem: 50 g Zwiebel, 50 g Stangensellerie, 50 g Möhren, 20 g Butter, 50 ml Fischfond, Salz, Pfeffer

Zubereitung:

Für die Füllung Brötchen entrinden, in Streifen schneiden und in Milch einweichen. Zwiebeln, Sellerie und Möhre putzen, fein würfeln und in heißer Butter anziehen lassen. Die ungeschälte Knoblauchzehe andrücken und zugeben. Das Gemüse im geschlossenen Topf beinahe weich dünsten, nach Bedarf Wasser angießen. Vom Herd nehmen und auskühlen lassen. Knoblauchzehe entfernen. Zitronenschale und Kräuter untermischen. Das Ei verquirlen. Mit dem ausgedrückten Brötchen und der Kräuter-Gemüse-Mischung vermengen und abschmecken. Die Dorade damit füllen und zubinden. Zwiebel und Sellerie fein würfeln. Die geschälte und gewaschene Möhre in Stifte schneiden. Dieses Gemüse, Butter und Fischfond in einen Schmortopf füllen. Die Dorade mit Salz und Pfeffer würzen und auf das Gemüse legen. Pergament mit Butter einfetten und damit abdecken. Im vorgeheizten Ofen bei 180°C ca. 20 Min. garen.

Dazu werden gebutterte Petersilienkartoffeln gereicht.

Guten Appetit wünscht Ihnen

Kerstin Heidbrink

Kerstin Heidbrink ist Mit-Geschäftsführerin von *Fischfeinkost Heidbrink* in der Bielefelder Altstadt. Seit 14 Jahren arbeitet die gebürtige Westfälin in diesem Metier. Die Fisch-Expertin, verheiratet und Mutter eines Sohnes, ist auch selber leidenschaftliche Köchin. Wenn ihr neben Beruf und Familie noch Zeit bleibt, pflegt und genießt sie ihren Garten in ihrem Wohnort Rödinghausen.

Dreigang Fisch für Reiselustige

man nehme:

- 20 Liter Diesel (Benzin tut's auch)
- 1 Mittelklassewagen (größer + kleiner geht auch)
- 1 Lückenschluss A33 (geht auch über B68, dauert aber länger)
- 90 km A30
- eine Prise Euros

Man gebe den Treibstoff in den Tank, fahre Richtung Norden, dann 90 km 'gen Westen und lande auf dem Fischmarkt in Enschede

• Vorspeise: lecker!! Matjes (bloß nicht mit Brötchen)
• Zwischengang: gegrillte oder gebackene Scampi's
• Hauptgang: Bratfisch (unbedingt mit Brötchen sonst zu fettig!!)
• Nachgang: Prosen an den Käseständen
• dann: Obst nach Wahl (vorher waschen!!)

Während der Zubereitung darauf achten, dass die Schlangen etwas kürzer sind, dort ist der Fisch meistens besser.

Guten Appetit wünscht

Dr. Christoph von der Heiden ist Geschäftsführer der *Industrie- und Handelskammer Ostwestfalen zu Bielefeld*. Der studierte Volkswirt und Publizist hat lange Jahre als Journalist gearbeitet; seit rund zehn Jahren ist er bei der *IHK*. Er ist verheiratet, Vater von zwei Kindern und in der Nähe der Niederlande aufgewachsen. Wenn Christoph von der Heiden Zeit hat, genießt er alles, was der sechsjährige Sohn mit ihm macht. Außerdem: Radfahren, Kajaktouren, Tennis, Fußball, Autorennen am PC, Hubschrauberfliegen ("leider nur mit Fernbedienung"), Lesen, Reisen und Techniktüfteln.

Spaghetti mit Lachs und Flußkrebsen

Zutaten: für 4 Personen
300g Spaghetti
200g Räucherlachs
125g Flußkrebse
1 B. Sahne
Rucola und Kirschtomaten

Spaghetti kochen, in Salzwasser.
In der Zwischenzeit Lachs würfeln
und mit den Flußkrebsen in einer
Pfanne mit etwas Olivenöl anbraten.
Mit der Sahne ablöschen. Rucola
putzen und kleinschneiden. Kirschtoma-
ten halbieren.
Spaghetti abgiessen und mit den
Zutaten mischen.

Ein Blitzessen für Eilige.

Brigitte aus Jöllenbeck.

Brigitte aus Jöllenbeck ist verheiratet, hat einen Sohn und ist berufstätig. Sie kocht ganz gerne; aber es muss schon schnell gehen. Deshalb dürfen die Rezepte nicht zu kompliziert sein oder die Zubereitung zu lange dauern. Sie findet es gut, wenn man einiges vorbereiten kann. Ihr Sohn ist Vegetarier, isst aber auch Fisch.

FÜR RADIO BIELEFELD ÖFFNE ICH MEIN GEHEIMES
REZEPTBUCH UND SERVIERE IHNEN EINE KNUSPRIG
GEGRILLTE, SEHR SAFTIGE FISCHROLLE, DIE ICH 2006
FÜR DAS SPEZIALITÄTEN-RESTAURANT "DE ROG"
AUF DER HOLLÄNDISCHEN INSEL TEXEL KREIERT HABE:

UMI-NO-SACHI-YAMA-NO-SACHI

EINE GESCHICHTE "ZU WASSER UND ZU LANDE"

ZUTATEN FÜR 4 PERSONEN ALS HAUPTGERICHT
ALS VORSPEISE ZUTATEN HALBIEREN

MARINADE: 2EL SHOYU / DUNKLE SOJASAUCE
           2EL HON-MIRIN / JAP. SÜSSREISLIKÖR
           2EL SAKE extra dry / JAP. REISWEIN
           1TL SATOU / ZUCKER
           1TL PONZUSAFT / oder LIMETTENSAFT

16 GROSSE GESCHÄLTE GARNELEN   GANZ KURZ IN
        KNOBLAUCHBUTTER ROT BRATEN
400 G BLATTSPINAT   WASCHEN UND IN SPRUDELND
        KOCHENDEM SALZWASSER BLANCHIEREN
        DANACH SOFORT IN EISWASSER GEBEN
8 SCHEIBEN RÄUCHER-WILDLACHS (KEIN BILLIG-
        PRODUKT-SCHMECKT NACHHER "MUFFIG"!)
8 BABY-SCHOLLEN-FILETS   oder
4 NORMALE SCHOLLENFILETS MIT SCHARFEM MESSER
        QUER HALBIEREN (WIE EIN BRÖTCHEN)
2 PACK BACONSCHEIBEN GUT DURCHWACHSEN

PRO ROLLE JE 2 GARNELEN MIT DEN DICKEN ENDEN
INEINANDER LEGEN (WIE YIN-YANG-ZEICHEN)
SPINATBLÄTTER TROCKEN TUPFEN UND AUSBREITEN.
DIE GARNELEN VON ALLEN SEITEN DAMIT UMSCHLIES-
SEN. 1 SCHEIBE RÄUCHERLACHS HERUM WICKELN.
WIEDER VON ALLEN SEITEN MIT SPINAT UMWICKELN.
ES DARF NICHTS HERAUSSCHAUEN - NUR SO KANN
MAN HINTERHER ALLE ZUTATEN EINZELN SCHMECKEN!

DIE INNENSEITE JEDES SCHOLLENFILETS 2-3 MINUTEN
MARINIEREN, TROCKEN TUPFEN UND UM EIN SPINATPAKET
ROLLEN. MIT EIN ODER ZWEI STREIFEN BACON ERST
ÜBER DIE OFFENEN LÄNGSSEITEN FEST ZUBINDEN.
DANN NOCHMALS 2-3 STREIFEN QUER DAZU.
SIE BENÖTIGEN KEINEN FADEN ODER NADELN, ETC.*

DIE FERTIG EINGEWICKELTEN FISCHROLLEN JETZT
ENTWEDER IM SOMMER AUF DEM HEISSEN GRILL
LEGEN ODER IM BACKOFEN AUF DEM GRILLROST
UND DIESEN AUF DER HÖCHSTEN RASTE EINHÄNGEN.
DIREKT UNTER DEM GRILL, DIE SEITE MIT DEN
LOSEN BACONENDEN NACH UNTEN GEDREHT.
DER BACON WIRD SCHNELL SEHR KROSS* UND ZIEHT
SICH DABEI ZUSAMMEN, SO WIRD DIE FISCHROLLE
ZUM EINEN FEST VERSCHLOSSEN UND ZUM ANDEREN
BLEIBT INNEN ALLES SEHR SAFTIG.
IST DER BACON RICHTIG BRAUN, DIE ROLLE DREHEN
UND ZU ENDE GRILLEN. WICHTIG - SO KURZ WIE EBEN
MÖGLICH GRILLEN, DAMIT SIE NICHT TROCKEN WIRD.

ALS BEILAGE ENTWEDER PRO PERSON 5 ETWAS
GRÖSSERE COCKTAILTOMATEN, HALBIERT UND MIT
SANSHO/JAP. BERGPFEFFER BESTREUT ODER
2 NORMAL GROSSE TOMATEN, EBENFALLS HALBIERT.
DIE GEWÜRZTEN TOMATENHÄLFTEN MIT UNTER DEN
GRILL LEGEN. SOLANGE, BIS DIE HAUT BEGINNT,
LEICHT NACH UNTEN ZU RUTSCHEN.

TOMATEN AUF EINER PLATTE ANRICHTEN UND DIE
IN MUNDGERECHTE SCHEIBEN AUFGESCHNITTENEN
ROLLEN DANEBEN DRAPIEREN. MIT EINER SCHALE
GOHAN / WEISSEM JAP. REIS SERVIEREN, DENN -
IN JAPAN WIRD MIT STÄBCHEN GEGESSEN!

"ITADAKIMASU" oder "GUTEN APPETIT" UND
VIEL SPASS BEIM NACHKOCHEN   WÜNSCHT

Traute Henninger

Traute Henninger mag das Besondere! Nicht nur in ihrem Geschäft *Confetti*, sondern auch beim Essen. Die gebürtige Bielefelderin ist „Japan-begeistert" – schon seit ihrer Kindheit. Sie liebt nicht nur die japanische Kultur, auch die traditionelle japanische Küche. Mit diesem Virus hat sie ihren Ehemann angesteckt und die vielen Freunde und Kunden. Zu besonderen Anlässen bereitet Traute Henninger japanische Besonderheiten zu, kreiert auch eigene Rezepte wie dieses.

Safran-Risotto mit Garnelen

300g Risotto
1 rote Zwiebel, 1 Knofi-Zehe
kretisches Olivenoel, 1. Pressung
1 l Gemüsebrühe, tr. Weißwein
Salz, Zitronenpfeffer, Safranpulver
500 g King Prawns –
tiefgefroren, ungewürzt

Die Zwiebel und den Knoblauch
fein würfeln und in Olivenoel
andünsten. Den Risotto dazugeben. Vorsichtig mit Pfannenheber
umrühren und nach und nach
die Gemüsebrühe im Wechsel mit
dem trockenen Weißwein dazugeben.
Dabei bleiben, der Reis darf nicht zu
trocken werden, solange mit Flüssigkeit bedecken, bis die Brühe vollständig aufgesogen ist.
Die aufgetauten Garnelen in Butter
braten. Auf dem mit Salz, Pfeffer
und Safran gewürzten Risotto
verteilen und sofort servieren.
Die Menge sollte für 4 Personen sein.
Guten Appetit!

Frauke Hilde C.d

Frauke Hildebrand, gebürtige Bielefelderin, verheiratet, besitzt einen besonderen Hund! „Theodor von Wellingsbüttel – der schönste Hund aus Hamburg". Der weiße Hochland-Terrier ist immer mit Frauke Hildebrand unterwegs, wenn sie die Natur genießt, Tiere beobachtet oder ihrem Lieblingshobby nachgeht und architektonische Besonderheiten fotografiert. Frauke Hildebrand kocht gerne, mag Fisch – allerdings keinen gekochten.

HERINGE in Sahnesoße

Hier ein Rezept aus meiner Familie für einen Klassiker der Fischküche. Die Fische habe ich als Kind nach der Schule immer vom Kesselbrink-Markt mitgebracht, als dieser noch aus den schönen, alten Buden bestand.

Pro Person rechnet man 2 - 3 Filets. Hier das Rezept für 5 Fische.

Die Salzheringe gut 12 Stunden (über Nacht) in kaltes Wasser einlegen, kühl stellen und somit etwas „entsalzen". Die Fische reinigen, filetieren und sorgfältig die Bauchgräten entfernen, wieder gründlich unter fließend, kaltem Wasser abspülen.

Für die Soße:
1 Becher (250 g) saure Sahne
1 Becher (250 g) süße Sahne - halbsteif schlagen
Salz
weißer Pfeffer
2 - 3 Lorbeerblätter, einige Pimentkörner

Die Zutaten verrühren und mit einem kleinen Schuss weißem Essig säuerlich abschmecken. Kräftig umrühren, damit der Essig die Sahne nicht gerinnen lässt.

2 Gemüseziebeln in dünne Ringe schneiden
2 grüne, feste Äpfel würfeln

Alles vermengen, die Fischfitels einlegen und gut 2 Stunden ziehen lassen.

Dazu passen Pellkartoffeln, Bratkartoffeln oder ein kräftiges Brot.

Zugegeben, die Fische zu säubern, ist etwas mühsam - aber es lohnt sich!
Man sollte versuchen, 2 - 3 weibliche Fische zu bekommen. Der Heringskaviar kann nach dem Säubern ebenfalls mit in die Sahnesoße.

Regina Hirt

Regina Hirt, waschechte Bielefelderin, arbeitet als Assistentin der Geschäftsführung beim Lokalradio-Dienstleister *AMS* (audio media service). In ihrer Freizeit genießt die Mutter zweier Kinder am liebsten die Kombination von Natur und Bewegung. Das beides findet sie im Kneipp Verein und auch beim Bielefelder Alpenverein. Wenn sie es ruhiger braucht, liest sie sehr gerne – die Kriminalromane von Henning Mankell.

FISCH - WEISSWEIN - PFANNE

ZUTATEN (für 4 Personen):

1 Pfund Möhren

1 Packung gefrorenes Lachsfilet

1 Packung gefrorene Garnelen

4-6 Schollenfilets

je 1/4 Liter Brühe, Sahne und Weißwein

1-2 Knoblauchzehen

1 Esslöffel Butter

Salz, Pfeffer

Die Möhren schälen, in Streifen schneiden und in der Butter andünsten. Salzen und in der Brühe bissfest kochen. Die Möhren mit der Brühe in eine Auflaufform geben. Den aufgetauten Lachs in Stücke schneiden. Die Schollenfilets halbieren und aufrollen. Die Lachsstücke und Schollenröllchen in die Auflaufform setzen. Zerdrückten Knoblauch dazu geben und mit der Sahne und dem Wein begießen. Im vorgeheizten Backofen bei 160 Grad (Umluft) 20 Minuten garen. Die aufgetauten Garnelen zugeben und noch einmal 10 Minuten garen. - Fertig! Dazu passen Kartoffeln oder Reis.

Guten Appetit wünscht Charlotte Höpker

Charlotte Höpker, Magisterabschluss in Geschichte und Germanistik, arbeitet seit 2000 bei *Radio Bielefeld*, u. a. als Nachrichtenfrau, Moderatorin und Redakteurin. Musik ist eine feste Größe im Leben der gebürtigen Bünderin: sie singt gerne, hört viel Musik und geht gerne aus. Außerdem liebt sie Literatur und das Theater. Charlotte Höpker kocht gerne, guckt aber immer noch bewundernd ihrer Mutter über die Schulter: „deren kreative Kochkünste sind einfach unschlagbar".

Curry Dorsch

Für 2 Personen

Curry Dorsch ist ganz einfach und schnell gemacht. Dafür nehme ich pro Person gut 250 g Dorsch-Filet. Das Ganze wird in Würfel geschnitten. Die Würfel kommen in eine gefettete Auflaufform. Dazu kommen Salz und Pfeffer oder noch besser ein extra Fischgewürz. Ich nehme Grillfisch-Gewürzsalz. Dann dünste ich kleine Zwiebelstückchen in der Pfanne an. Dazu kommen noch drei Becher Sahne. Und natürlich Curry, Curry und noch mal Curry. Knalle gelb muss es sein. Dann die Sauce in die Auflaufform über den Fisch gießen und ab damit in den Ofen. Etwa eine Viertelstunde reicht. Dazu gibt es Reis. Nicht viel Aufwand, schmeckt aber super lecker!

Viel Spaß beim Nachkochen,

Holger Höner ist Bielefelder – und leidenschaftlich; auch leidenschaftlicher Bielefelder! Der Moderator und Redakteur arbeitet seit 1997 bei *Radio Bielefeld*. Der begeisterte Angler und Skandinavien-Fan ist Mitglied in einer Männerkoch-gruppe „mehr als Bier und Konserven", und er ist der Macher des Angel-Web-TV's www.bissclips.de. In seiner Freizeit läuft er durch den Teuto oder hört seine Lieblingsmusik: „Alles was handgemacht ist, es muss richtig krachen – trotzdem auch gerne ruhig".

Wolfsbarsch in Folie

kleine ganze Wolfsbarsche à 350 g pro Person. Den Fisch schuppen waschen, mit Zitrone einreiben und salzen. Füllen mit Rosmarin, Estragon und Zitronenscheibe. Auf die Alu-folie dünne Zucchinischeiben und Knoblauch legen. Olivenöl üppig darauf träufeln etwas Weißwein oder Vermuth zugeben und die Folie locker zusammenschlagen. ca. 20 min im Ofen bei 170° garen. Mit der Folie auf den Teller legen. Gemeinsam die Folie aufzischen ein wunderbares Dufterlebnis. Vorweg eine große Schüssel Salat. Zum Fisch, gebratene kleine Kartoffeln mit Rosmarin und einen leichten trockenen, frischen Weißwein.

Guten Appetit
Andreas Hoffmann
Brockweder Hof

Andreas Hoffmann ist Koch aus- und mit Leidenschaft! Denn erst spät entdeckte der gebürtige Sennestädter seinen Traumberuf. Der Vater von drei Kindern, gelernter Werkzeugmacher, schulte auf dem Weg zum Maschinenbau-Ingenieur einfach um. Seitdem sei er leidenschaftlich, begeistert, kreativ und zufrieden, so Ehefrau Beatrix. Das Hobby der Hoffmänner: Segeln, gut einkaufen, ausgiebig kochen – mit allem Drum und Dran – und den Sonnenuntergang genießen.

Spezial

Garnelen
à la Henny

Für dieses sagenhaft beeindruckende, jedoch zacki-zacki zubereitete Gericht besorgen Sie bitte für zwei Personen:

Eine Zucchini (mittlere Kampfklasse, keinen „Oschi")
Ein Päckchen tiefgefrorene Garnelen (am besten nackig – also die Garnelen!!)
Eine Knoblauchzehe
10-15 Kirschtomaten (ich kaufe sie in Schröttinghausen, weil's die leckersten sind)
10 entsteinte schwarze Oliven
1/2 Becher Sahne
Olivenöl, Salz, Pfeffer und Thymian
Bandnudeln

LOS GEHTS:
- Backofen vorheizen auf schnuckelige 100 °C
- Zucchini gründlich waschen und in feine Scheiben schneiden
- In einer Pfanne Olivenöl erhitzen
- Zucchini hinein und schön anbraten. Sie sollten irgendwann lecker aussehen (an manchen Stellen HKS 78 K)
- Die aufgetauten Garnelen dazu und lecker anbraten, kurz und zart
- Knobi häuten und durch eine Presse pressen

Zwischendurch mit Salz und Pfeffer würzen, das fertige Ergebnis im Backofen warm stellen.

WEITER GEHTS:
Pott für Bandnudeln aufstellen, erst wenn das Wasser kocht, salzen!
Aber weil das ja noch dauert, hier die nächste Übung:

- In die Pfanne von eben einen weiteren kleinen Schuss Olivenöl geben
- Kirschtomaten halbieren, in das heiße Öl schütten, warten bis auch sie lecker angebraten aussehen (HKS 78, wir erinnern uns)
- Abgetropfte Oliven hinzu, mit der Sahne aufgießen
- Mit Salz und Pfeffer und ordentlich Thymian aufkochen, Abwarten, bis der Thymian auch wirklich weich ist

Und während Sie darauf warten, die Bandnudeln ins Wasser werfen. Garnelen-Zucchini-Mischung in die Pfanne geben, schön mischen. Wenn Ihr Timing stimmt, sind die Bandnudeln fertig und Sie können endlich essen.

Sollte es nicht schmecken, wenden Sie sich dem Kochen ab. Liebe Grüße, Ihre

Katrin Hoffmann – von Freunden Käte genannt – ist gebürtige Bielefelderin, aber nie wirklich „rausgekommen". Die Fachfrau für „Druck-Sachen" und Kochbücher liebt Natur und Tiere; ganz besonders ihre Paint Horse Stute Babe und ihren Rund-um-die Uhr-Begleiter „Möpschen". Kochen ist eigentlich nicht so Kätes Ding. Das oben angegebene Rezept ist aber eines von drei, „welches ich absolut beherrsche".

Lachs Creme

6-8 Scheiben Räucherlachs
400 gr. Frischkäse } verquirlen
400 gr. Creme Fraiche

Lachs in Stücke schneiden und
mit dem Saft einer 1/2 - 1 Zitrone
beträufeln

Lachs zur Creme geben
1 Bd. Dill dazu
evtl. einen Schuß Sahne
Dazu Toast Chips reichen

Hans R. Holtkamp

Hans-Rudolf Holtkamp bezeichnet sich selbst als dreifachen(!!) Bielefelder: von Geburt, von Berufswegen und aus Überzeugung. Also der richtige Mann an der richtigen Stelle, denn Holtkamp ist Geschäftsführer der *Bielefeld Marketing*, der *Stadthalle* und der *Seidenstickerhalle* und des *Verkehrsvereins*. Er ist verheiratet, hat zwei Kinder, zwei Enkelkinder („alles Mädels") und hat „bescheidene bis gar keine Kenntnisse am Herd". Dafür ist er leidenschaftlicher Esser, Fisch- und Arminenfan.

Eingelegte Heringe mit Öl-Gestippsel

10 Salzheringe (davon einige Milchner),
3-4 Zwiebeln, Essig, abgekochtes Wasser,
ca. 15 Pfefferkörner, 1-2 Lorbeerblätter,
1 TL Senfkörner.

Die Heringe 24 Stunden wässern, danach häuten
und teilen. Wasser und Essig im Verhältnis
1/3 zu 2/3 mischen. Die Milchner durch ein Sieb
treiben und dazu tun. Heringe und Zwiebelringe
in einem Steintopf schichten, Senfkörner, Pfeffer
und Lorbeer dazwischen. Alles mit der
Marinade bedecken und an einem kühlen
Ort zwei Tage ziehen lassen.

Für die Pellkartoffeln in einem Spiegel
aus Rüböl (wahlweise auch anderes Öl) ein
paar Spritzer Essig, Salz und eine gewürfelte
Zwiebel mischen.

Norbert Horst

Norbert Horst, geboren in Bad Oeynhausen, ist erfolgreicher Krimiautor mit einigen Auszeichnungen. Zuletzt bekam er für seinen Roman „Todesmuster" 2006 den deutschen Krimipreis in der Kategorie National. Hauptberuflich arbeitet Norbert Horst als Kriminalhauptkommissar bei der Bielefelder Polizei, früher u. a. bei der Mordkommission, jetzt im Bereich Öffentlichkeitsarbeit. Als alter Mittelstürmer ist der Familienvater noch immer fußballbegeistert – und wenn es die Zeit zulässt – auch „leidenschaftlicher Müßiggänger".

Scampi all' Arancia

(Scampi in Orangensauce) für 4 Pers.

Zutaten: 800 g Scampi, 1 Orange,
1 Knoblauchzehe, 1½ Gemüsezwiebel,
frische Petersilie, 2 Eßlöffel Mehl,
Olivenöl, 1 Glas Weißwein.

Zubereitungszeit: ca. 30 Min. —
kleingehackte Zwiebeln, Knoblauch
und Petersilie mit Olivenöl in eine
Pfanne geben und dünsten, danach
gereinigte, ausgepuhlte Scampis
zugeben und ca. 10 Min. bei
normaler Hitze anbraten (1x wenden)
mit einem Glas Weißwein ablöschen
und den ausgepressten Orangensaft
und 2 Eßlöffel Mehl zugeben, einrühren, bis die Sauce gebunden ist.
Noch ca. 3 Min. garen lassen.

Beilagen:
Reis al dente, dekoriert mit Petersilie
und Orangenscheiben.
Dazu einen fruchtigen Pinot Grigio —
Buon Appetito!

Antonio Immorlano

O' Sole mio! – Antonio Immorlano hat vor 22 Jahren die Sonne Apuliens mit nach Bielefeld gebracht – auch in seinem Herzen. Der Opernfreund und Tennisspieler ist Chef eines Restaurants in Jöllenbeck. Antonio reist gerne wenn's die Zeit erlaubt auch immer mal wieder in seinen Heimatort; ein kleines Fischerdorf. Ansonsten ist Antonio weltoffen für alle schönen Dinge des Lebens.

Fischfilet in Folie gedünstet

Zutaten: Pro Person

1 Filetstück - Seelachs oder Rotbarsch
1 Knoblauchzehe
1 Gemüsezwiebel
1 Zitrone

Fischfilet leicht salzen und pfeffern,
dann auf Alufolie legen.
Zwiebelringe schneiden und auf das
Stück Fischfilet legen.
Knoblauchzehe zerkleinern und auch dazu geben.
Ebenfalls geschnittene Zitronenscheiben darauf legen.

Die Folie verschließen und bei 180° Umluft
ca. 30 Minuten garen lassen.
Fisch aus der Folie nehmen und mit
Reis oder Knoblauchbaguett servieren.

Wolfgang Juffernholz

Wolfgang Juffernholz – Frau und Freunde nennen ihn „Juffi – ist eigentlich Grillmeister! Bauchfleisch, Rippchen und Bratwurst – wie sich das für 'nen echten Duisburger gehört. Die Grillsaison beginnt im Januar („Angrillen"), Ende November wird sie beendet („Abgrillen"). Die Grillzeit begeistert Juffis Freunde und Familie. Auf keinen Fall – Fisch! Doch mit diesem Rezept konnte der ehemalige Hauptkommissar der Bielefelder Polizei sogar seine Kinder auf die richtige Fährte bringen.

Thunfisch in Weißwein

Zutaten: 1kg Thunfisch, 1 Zitrone,
1/2 l Weißwein, Mehl, Salz und Pfeffer
Olivenöl.

Den Fisch waschen, trocknen, salzen
und pfeffern. Danach kurz in Mehl
wenden.

Die Zitrone auspressen und den Saft
mit einem 1/2 l. Weißwein (trocken)
vermischen.

Olivenöl in einer grossen Pfanne erhitzen
und den Fisch auf jeder Seite 3-4
Minuten anbraten. Danach mit dem
Weißweincocktail ablöschen.
Die Pfanne abdecken und den Fisch
im Sud garziehen lassen.

Den Fisch aus der Pfanne nehmen und
warm stellen. Die Flüssigkeit in der
Pfanne zu einer Soße einkochen.

Den Fisch auf Teller portionieren,
die Soße drübergeben und fertig.

Dazu passen Reis, grüner Salat
und natürlich der Rest aus der
Weinflasche.
Guten Appetit!

„Ich wurde 1968 in Bremen als richtiger Fischkopf geboren" – jetzt ist er Sozialdezernent in Bielefeld: Tim Kähler,
verheiratet, drei Kinder. Der gelernte Bankkaufmann und studierte Politikwissenschaftler ist über Berlin nach Bielefeld
gekommen und seit drei Jahren nun in der Führungsmannschaft des Oberbürgermeisters – zuständig für Jugend,
Soziales und Wohnen. Die Familie ist nach Herford gezogen, der Heimatstadt der Ehefrau. Wenn Tim Kähler frei hat,
bekocht er gerne seine Familie oder versucht sich in der Gestaltung des Familiengartens. Außerdem ist er Fußballfan.

...kter Fisch, Rezept für 2 Personen

~ 50 gr. durchwachsener Speck, 1 Zwiebel
~ 250 gr. Rotbarschfilet
~ 1/4 l Wasser, 1 Päckchen „Helle Soße"
       z.B. von Maggi
3-4 Gewürzgurken
~ 100 gr. Krabben oder Garnelen

Den Speck würfeln u. auslassen. Die Zwiebel in kl. Stücke schneiden, zum Speck geben u. kurz mit dünsten. Den Fisch hinzufügen u. unter Rühren braten, bis er in Stücke zerfällt. Das Ganze mit etwa 1/4 l Wasser ablöschen u. mit der hellen Soße eindicken. Anschließend die in Würfel geschnittenen Gurken sowie die Krabben bzw. Garnelen dazugeben und ca. 10 Minuten schwach köcheln lassen. Mit Salz, Pfeffer u. Dill (gibt es eingefroren wie Iglo) würzen. Dazu schmecken Salzkartoffeln und grüner Salat.
Viel Spaß beim Nachkochen und
    guten Appetit wünscht

    Gudrun Keil

Gudrun Keil ist begeisterte Joggerin, liebt die Natur und reist sehr gerne. Am liebsten fährt sie auf die Nordseeinseln – und das zu jeder Jahreszeit. Da kann sie laufen; Sonne, Wind und Wasser (mal von oben – mal von unten) genießen, auch den leckeren, fangfrischen Fisch.

Croissant - Lachs - Auflauf

Zutaten für 4 Personen:

- 100 g tiefgefrorene Erbsen
- 8 Scheiben Schmelzkäse
- 4 Croissants
- 4 Scheiben geräucherter Lachs

- Butter / Margarine
- Mehl
- Gemüsebrühe (instant)
- weißer Pfeffer / Salz
- 2 Eigelb
- Dill zum Garnieren

Die Zubereitung ist super einfach:

1) Erbsen antauen lassen. Fett erhitzen, Mehl darüber-stäuben und anschwitzen. Mit Milch und 1/8 l Wasser unter Rühren ablöschen. Brühe einrühren und Soße aufkochen lassen. 4 Käsescheiben etwas kleiner schneiden und in der Soße schmelzen lassen. Mit Salz und Pfeffer würzen. Eigelb verquirlen und in die Soße rühren. Dabei nicht mehr kochen lassen.

2) Croissants einschneiden (nicht durchschneiden) 4 Käsescheiben diagonal halbieren. Croissants mit je 1 Käsedreieck und 1 Scheibe Lachs belegen. Erbsen darüber streuen. Soße in einer Auflaufform verteilen. Dann die gefüllten Croissants hineinlegen und mit dem zweiten Käsedreieck belegen.

3) Im vorgeheizten Backofen (200°C) ca. 8-10 Min. überbacken. Auflauf mit Dill garnieren.

Lassen Sie es sich gut schmecken!

Heide Kickert

„Ich bin keine echte Köchin! Mag einfache, unkomplizierte Rezepte, bei denen nichts schief gehen kann". Heide Kickert braucht Zeit und Raum für andere Dinge. Zum Beispiel für ihr größtes Hobby: „Carrie", eine Golden Retriever Hündin, die seit sieben Jahren sozusagen Kind im Hause ist. Außerdem ist die Mutter einer erwachsenen Tochter im Vorstand eines Schützenvereines, sie vertritt die Damenriege dort. Und dann ist Heide Kickert auch noch berufstätig. Sie arbeitet als Sekretärin des Rektors in der *Universität Bielefeld*.

Quiche mit Meeresfrüchten

- Zutaten für 1 Form 28 cm Ø
- 300 g tiefgefrorener Blätterteig

Für den Belag:
- 500 g Krabben je nach Wahl
- 1 Packung (2 Stücke) tiefgefrorenen Lachs
- 3 EßL. Zitronensaft
- Salz, weißer Pfeffer
- 1 Zwiebel oder Knoblauchzehe
- Petersilie + Dill

Für den Guss
- 100 g Sahne
- 3 Eier
- Salz + weißer Pfeffer

1. Die Blätterteigplatten nebeneinander legen und 10 Minuten auftauen lassen

2. Den Lachs auftauen lassen, klein schneiden, mit den Krabben und dem Zitronensaft, Salz, weißem Pfeffer, Petersilie, Dill vermengen und durchziehen lassen.

3. Die Zwiebel oder den Knoblauch klein schneiden und ebenfalls untermengen.

4. Für den Guss Sahne mit den Eiern verrühren, salzen, pfeffern.

5. Den Backofen auf 200° vorheizen.

6. Den Blätterteig auf etwas Mehl in Größe der Form ausschneiden (vorher ausrollen). Die Form kalt ausspülen aber nicht abtrocknen. Den Teig in die Form legen, dabei einen Rand von etwa 4 cm hochdrücken.

7. Die Meeresfrüchtemischung auf dem Teig verteilen.

Die Eiersahne darüber gießen. Die Quiche im Backofen in 40 - 45 Minuten goldbraun backen. Vor dem Anschneiden etwa 10 Min. ruhen lassen.

Roland Kentsch

Roland Kentsch ist der Mann, der sagt, wo's lang geht – er ist Geschäftsführer und Finanzchef bei *Arminia Bielefeld*. Seit 1981 ist der studierte Volkswirt auch leidenschaftlicher Arminenfan. Ehrenamtlich ist Kentsch auch im Aufsichtsrat *DFL* (Deutsche Fußball Liga) und im Vorstand des *DFB*. Der gebürtige Soester ist verheiratet, hat zwei Söhne und ist überhaupt kein Kochkünstler. „Ich habe in den Ferien oft im Fischgeschäft der Tante gearbeitet". Seine Lieblingsspeise: „Fisch aus der Bielefelder Fischgaststätte.

Meeresfrüchte-Spaghetti-Päckchen

1. 185g Spaghetti in einem großen Topf mit kochendem Wasser al dente kochen. Mit kaltem Wasser abspülen und in eine Schüssel geben. Backofen auf 180°C vorheizen.

2. Ein Kreuz in die Unterseite der 4 Eiertomaten ritzen und mit kochendem Wasser bedecken. Nach 30 Sekunden in kaltes Wasser legen und vom Kreuz aus die Schale abziehen. Tomaten halbieren, Kerne entfernen und kleinhacken.

3. In einer Pfanne 1 El Olivenöl erhitzen, 4 Frühlingszwiebeln und 1 Stange Sellerie feingehackt hinzufügen und 2 min. rühren. Tomaten und 80ml Weißwein zugeben und zum Kochen bringen. Nach 3 min. die Hitze reduzieren. 125 ml Tomaten-Pasta-Sauce, 4 in dünne Scheiben geschnittene Gewürzgurken und 2 El Kapern untergeben und mit Salz und schwarzem Pfeffer rühren. Die Sauce gründlich mit den Spaghetti vermischen.

4. Aus Backpapier 6 Ovale (je nach Größe des Fische) á 30 cm ausschneiden und die äußeren Kanten mit Öl einstreichen. Pasta in 6 Portionen teilen und jede mit einer Gabel aufrollen. Die Fischfilets (Lachs, Forelle, Kabeljau) und/oder Gambas/Shrimps, gemischt besonders köstlich, je Portion 175 g, mit Dill und geriebener unbehandelter Zitronenschale bedecken und darauf einen Butterwürfel geben.

5. Das Backpapier zu Paketen falten, oben 2 mal zusammenschlagen, die Enden unterlegen. Auf dem Backblech 20 Minuten backen und dann im Paket servieren.

Die Päckchen können bereits einige Stunden
vor dem Servieren zusammengestellt werden.
Es sieht pfiffig aus und schmeckt köstlich.
Guten Appetit und viel Spaß
Marcus Kleinkes

Zum ersten mal bei Gertrud & Rolf
gegessen, und danach niemals vergessen!

Marcus Kleinkes liebt die See und auch den Fisch. Wenn er Ehefrau Christiane bekocht (sie kommt aus Wilhelmshaven)
und die Söhne Maximilian und Christopher, klappt das nicht immer gut: „Ich koche, wie meine Arminia Fußball spielt:
manchmal Weltklasse, oft … !" Seit 1988 lebt der Fachanwalt für Arbeits- und Verkehrsrecht in Bielefeld, seit 2001 ist
er Kreisvorsitzender der CDU.

Mit Pastis flambierte Jakobsmuscheln

Für 4 Personen:

12	Jakobsmuscheln (oder Jakobsmuschelfleisch)
100g	Kräuterbutter
50ml	Pastis (Pernod, Ricard etc.)
	Salz, Pfeffer

<u>für die Sauce:</u>
150g	Creme Fraiche

Ich bin ein begeisterter Hobbykoch, habe jedoch oftmals nicht die Zeit mich stundenlang in die Küche zu stellen. Daher bereite ich gerne Speisen zu, die kurz gebraten werden. Hierfür eignen sich hervorragend Jakobsmuscheln:

1. Zu allererst löse ich das Fleisch mit einem kleinen Küchenmesser aus den Muschelschalen und wasche es vorsichtig unter fließendem kaltem Wasser ab (gut trocken tupfen!). Jakobsmuscheln sind im Gegensatz zu Austern leicht zu öffnen.

2. Dann erhitze ich die Kräuterbutter bei voller Stärke in einer Pfanne. In dem Moment, wenn die Kräuterbutter Blasen wirft, gebe ich die Jakobsmuscheln dazu. Nach Bedarf salzen und pfeffern.

3. Nach 3 Minuten Bratzeit lösche ich die Muscheln mit Pastis ab. Ich schwenke die Pfanne dabei so, das die Flamme meines Gasherdes den Alkohol entzündet. Die Muscheln werden somit flambiert (Wer auf Elektro kocht muß den Alkohol mit einem Stabfeuerzeug anzünden)

Achtung: Es gibt eine gewaltige Stichflamme!
Dies ist nur etwas für geübte "Küchenpyromanen"

4. Nun richte ich die Muscheln auf einem Teller an. Zeitgleich löse ich in der Pfanne Creme Fraiche in der heißen Butter und dem Pastis auf. Einmal aufkochen und die Sauce ist fertig.

Jakobsmuscheln sind eher eine Vorspeise. Als Beilage eignet sich zum Beispiel einer Wildkräutersalat mit einer Vinaigrette.

Ps.: Wo es die nötigen Zutaten gibt können sie sich ja denken.

Zubereitungszeit: 25 Minuten

Guten Appetit wünscht Olaf Klötzer

Olaf Klötzer ist Feinschmecker und Genießer. Kein Wunder – denn der gebürtige Bielefelder hat viele Köstlichkeiten im eigenen Geschäft. Der Diplom-Kaufmann ist seit 1996 im Familienunternehmen; jetzt als geschäftsführender Gesellschafter. Nebenher macht er sich im Vorstand der *Kaufmannschaft Altstadt* für eine attraktive Innenstadt stark. In seiner Freizeit geht der Familienvater gerne segeln, skifahren, spielt in einer Hobbytruppe Fußball und ist bekennender Arminenfan.

Gegrillter Hornhecht

Zutaten:

2 Hornhechte
Saft einer Zitrone
Kräutersalz
Pfeffer aus der Mühle
1 TL Oregano
30 g Butter

Zubereitung:

Die gewaschenen und ausgenommenen Hornhechte
am Rücken entlang der Mittelgräte aufschneiden
und die Filets in etwa 12 cm lange Stücke
schneiden. Mit Zitronensaft, Salz, Pfeffer
und Oregano würzen.
Die Stücke nebeneinander auf einen mit Butter
eingepinselten Bogen Alufolie legen. Mit flüssiger
Butter beträufeln.
Die Filets von jeder Seite etwa 4 Minuten
grillen.

Beilage: Salat und Schafskäse

Achim Kluck

Pochierter Dorsch in Senfsoße

Zutaten

200g kleine Kartoffeln
400 g Porree
Salz, Pfeffer
2 Dorschkoteletts (à 250g)
200 ml Fischfond
50g Schmand oder Creme fraiche
1½ EL Rotisseur-Senf
ein paar Spritzer Zitronensaft
1 Tomate
2 EL Margarine
2 EL heller Soßenbinder
Dill und Zitrone zum Garnieren

Zubereitung

Kartoffeln schälen, waschen und halbieren. Porree putzen,
waschen, in kleine Stücke schneiden. Kartoffeln in
Salzwasser ca. 15 Minuten garen. Fisch waschen. Im
heißen Fond ca. 10 Minuten gar ziehen lassen. Herausnehmen und warm stellen. Schmand und Senf in den
Fond rühren. Nochmals aufkochen und mit Soßenbinder
andicken. Mit Salz, Pfeffer und Zitronensaft abschmecken.
Gemüse abtropfen lassen. Die Tomate putzen, waschen vierteln
und entkernen. Fruchtfleisch fein würfeln. Kartoffeln
und Porree abgießen. Fett schmelzen und das Gemüse
darin schwenken.
Fisch, Gemüse, Kartoffeln und Soße auf einem Teller
anrichten. Die Tomatenwürfel drüberstreuen.
Mit Dill und Zitrone garnieren.
Getränk: Bier

Ursula Kluck

Ursula „Uschi" und Achim Kluck sind begeisterte Fischliebhaber. Er ist der Koch der leckeren Gerichte mit den
„Zutaten" aus Bach, Fluss, See und Meer. Doch beide (!) sind leidenschaftliche und begeisterte Hobby-Angler. Kein Fluss
zu tief, kein Weg zu weit: geangelt wird im Neckar, an der Donau, in Schweden, an der Ostsee und an vielen anderen
Orten. Im „normalen" Leben arbeiten die Klucks im öffentlichen Dienst in Bielefeld.

Pfannekuchen mit Fischfüllung
(für ca. 8 - 10 Personen)

6 Eier
300 g gesiebtes Mehl   } verrühren,
Salz   30 Minuten
500 ml Mineralwasser   quellen lassen
Öl   erhitzen, Pfannekuchen dünn ausbacken
ca. 500 g Fischfilet würfeln }
125 g Garnelen   } mischen
125 g Krebsfleisch   } und mit
Salz, Pfeffer   würzen
4 Essl. Butter   schmelzen
2 Essl. Mehl   einrühren
250 ml Weißwein nach und nach zurühren,
                    Soße aufkochen lassen
6 Essl. Milch   zugeben, evtl. würzen
Pfannekuchen mit dem Fischgemisch belegen,
aufrollen und in eine feuerfeste Schüssel füllen,
Soße darüber gießen
150 g geriebener Käse auf die Oberfläche streuen
                    und kurz im Backofen überbacken
                              Erika Klumpp

Erika Klumpp, gebürtige Rheinländerin, ist eine begnadete Kochkünstlerin. Mit viel Kreativität, ungewöhnlichen Arrangements, guten Zutaten und großer Fantasie zaubert die leidenschaftliche Hobbyköchin köstliche Genüsse für die Familie, Freunde und Bekannte. Ihre Einladungen sind begehrt, da sie immer wieder mit eigenwilligen Menü-Zusammenstellungen und passenden Tischdekorationen überrascht. Die Mutter von drei erwachsenen Kindern spielt Tennis, liebt Haus und Garten und reist gerne.

Bäriger Zitronenfisch

Zutaten:

- 1 Bund Bärlauch
- 4 feste Fischfilets (z.B. Schellfisch o. Catfisch)
  ca. 600g
- Salz · 4 EL Olivenöl · Pfeffer
- 1 unbehandelte Zitrone
- 2-3 Tomaten · 2 Schalotten
- 1/2 Bund frische Gartenkräuter (z.B. Rosmarin
  Petersilie o. Thymian

Zubereitung:

1 Backofen auf 180° vorheizen.
Bärlauch waschen. Fisch kalt abspülen,
trockentupfen u. salzen. 4 große Stücke
Pergamentpapier mit Olivenöl einfetten.
Einen Teil des Bärlauchs darauf ausbreiten. Filets darauf legen, mit Salz u.
Pfeffer würzen. Zitrone heiß abwaschen u.
halbieren. 1 Hälfte in feine Scheiben schneiden,
die andere auspressen.

2 Tomaten waschen u. ohne Stielansätze
würfeln. Schalotten schälen u. fein würfeln.
Gartenkräuter waschen u. fein hacken.

3 Fischfilets mit dem Zitronensaft beträufeln, mit -scheiben belegen u. mit Kräutern bestreuen. Die Fischfilets vorsichtig in den Bärlauch einwickeln (auch den Übrigen dafür verwenden), Tomaten u. Schalotten darüber streuen. Das Papier sorgfältig über den Fisch zusammenfalten.
Die Pakete im Backofen (Mitte, Umluft 160°) 15 bis 20 Min. garen.

!! Varianten: Statt Bärlauch
°° große Spinat- oder Mangoldblätter nehmen.

Guten Appetit

Petra Knabenreich

Petra Knabenreich lebt seit sechs Jahren in Bielefeld und führt hier ein „erfolgreiches kleines Familienunternehmen". An der Seite ihres Mannes Martin, Chefredakteur von *Radio Bielefeld*, bleibt sie eher im Hintergrund. Die Mutter von Luisa und Julian ist gelernte Kinderkrankenschwester, sozial engagiert und begeisterte Hobbyköchin – gerne für Gäste und Familienbesuch aus Paderborn und Berlin.

Heilbutt auf Gemüsebett

Zutaten:
2 Esslöffel Olivenöl
500 g Champignons
1 Zucchini
1 Möhre
2 Tomaten
1 Frühlingszwiebel
Heilbuttfilets (ca. 200-250 g)
50 g Butter
Salz, Pfeffer und Petersilie

Zubereitung:
Olivenöl in einer großen Pfanne erhitzen, Zucchini und Möhre in feine Streifen schneiden, Tomate häuten und würfeln, Frühlingszwiebel in feine Ringe schneiden, das Gemüse in die erhitzte Pfanne geben, leicht salzen und 15 bis 20 Minuten dünsten. Nach der Garzeit die Petersilie unterrühren. In der Zwischenzeit ein Backblech mit Alufolie auslegen, den Fisch darauf legen. Die Butter in Flocken darüber geben und mit Salz und Pfeffer würzen. Die Folie locker über dem Fisch zusammenfalten und bei 180 °C ca. 20 Minuten garen.

Gemüse auf vorgewärmten Tellern anrichten, den Fisch auf das Gemüse betten und sofort servieren.

Als Beilage eignen sich Reis, Wildreis oder kanarische Kartoffeln.

Ich wünsche ein gutes Gelingen und einen guten Appetit.

Gerd-Otto Knake

Gerd-Otto Knake, Oberstudiendirektor, hat rund 25 Jahre das *Carl-Severing-Berufskolleg für Handwerk und Technik* geleitet. Der gelernte Maschinenschlosser und Diplom-Ingenieur kocht nicht sooo gerne; ist dafür – zur Freude seiner Ehefrau – handwerklich große Spitze. „Er macht alles – es gibt nichts, was er nicht kann". Das größte Hobby des gebürtigen Herforders ist allerdings mehr der Tennissport, seine besondere Leidenschaft. Ansonsten ist der Vater zweier erwachsener Kinder Bach-Liebhaber, Opernfreund und Nordic-Walker – gemeinsam mit seiner Frau.

Steinbeißer - Roulade

pro Person 1 Steinbeißerfilet
1 Glas gekochnete Tomaten
italienische Kräuter, frischer Parmesan
Parmaschinken, Pergamentpapier

Die Steinbeißer der länge nach
aufschneiden (- halb so dick),
die Tomaten, Kräuter und Parmesan
in Küchenmaschine zu Mus
bearbeiten. Pergamentpapier
auf Arbeitsfläche auslegen.
darauf ein dünnes Bett aus
Parmaschinken. Das Tomatenmus
darauf streichen. Darauf die
Filets und mittels Pergamentpapier
Rouladen rollen. Ab in den Backofen!
Claudia Knoppke

Claudia „Sally" Knoppke kocht gerne, oft und gut. Die gebürtige Bielefelderin, Studium Anglistik und Kunst, hat ein Jahr in Shanghai Deutsch unterrichtet. Seit 1998 arbeitet die Hunde- und Katzenliebhaberin bei *Radio Bielefeld*, u. a. als Redakteurin und Nachrichtenfrau. Hobbys: Dressurreiten, Motorradfahren, Hermannslauf und die körper- und seelentechnische Vorbereitung ihres Partners auf den Ironman.

Fischfilet in Currysahne

Folgende Zutaten werden für 4 Portionen benötigt:

400 g Möhren
1 Stange Porree
1 Schalotte
600 g Seelachsfilet
Salz, Pfeffer
Zitronensaft
2 Esslöffel Butter oder Margarine
1 Becher Schlagsahne (250ml)
1 Esslöffel Currypulver
2 Teelöffel Kurkuma
½ Bund Petersilie

zunächst muss der Backofen auf 250 Grad vorgeheizt werden.

Möhren schälen, waschen und auf dem Gemüsehobel in feine Stifte schneiden.

Porree unter fließendem kalten Wasser gründlich waschen und in feine Streifen schneiden.

Schalotte abziehen und würfeln.

Fischfilet abspülen, mit Küchenpapier trockentupfen und mit Salz, Pfeffer und Zitronensaft würzen.

Schalotte im heißen Fett in einer feuerfesten Form andünsten.

Möhren zufügen und 2 Minuten dünsten.

Porree zugeben und kurz mitdünsten.

Form vom Herd nehmen und den Fisch auf das Gemüse legen.

Sahne mit Salz, Pfeffer, Curry und Kurkuma verrühren und über den Fisch geben.

Im Ofen ca. 10 Minuten garen.

Zum Schluss mit der feingehackten Petersilie bestreuen.

Dazu schmeckt mir am besten Reis.

Viel Spaß beim Kochen und guten Appetit wünscht Ihr Stephan Kokerbeck

Stephan Kokerbeck ist gebürtiger Bielefelder und liebt seine Heimat sehr. Der Kaufmann – Inhaber des gleichnamigen Geschäftes in der Altstadt – genießt die schönen Dinge des Lebens. Er ist ein leidenschaftlicher Esser, reist gerne wenn es die Zeit zulässt und ist sehr an Kunst interessiert. Außerdem ist Stephan Kokerbeck Mitglied bei *Round Table*, einer Vereinigung , die sich u. a. dem Dienst an der Allgemeinheit verpflichtet hat.

Bali-Fisch

1 kg Fischfilet (Dorsch, Seelachs oder Rotbarsch	Fischfilet waschen, trockentupfen u.
2 Zitronen	m. Zitronensaft beträufeln
4 mittelgroße Zwiebeln	schälen u. ganz
3 Knoblauchzehen	feinschneiden
2 St. Lauch	die weißen Teile herauslösen, putzen, in Ringe schneiden, waschen u. abtropfen lassen.
2 Eßl. Öl	im Topf erhitzen, Knoblauch u. Zwiebeln darin andünsten. Die Lauchringe dazugeben u. alles unter Rühren 1 Min. weiterdünsten.
1/8 l kräftige Brühe 4 Eßl. Weinessig 200 g saure Sahne 100 g süße Sahne 1-2 Eßl. Curry 1 ges.Tr. Eßl. Ingwerpulver 1 Pr. Muskatnußpulver 1 Eßl. Zucker	aufgießen u. im geschlossenen Topf köcheln lassen.
Mehl, Salz	Soße würzen u. weiterköcheln. Mehl mit Salz mischen. Die
Öl, Mehl	Fischfilets von beiden Seiten in die Mehlmischung drücken.

in einer Pfanne erhitzen u. den Fisch von beiden Seiten anbraten. 1 gestr. Eßl. Mehl mit Wasser anrühren u. die Soße damit binden, nochmals aufkochen lassen. Die Soße nach Geschmack mit Salz, Zucker, Essig u. evtl. Curry süß-sauer bis scharf abschmecken u. zum Fisch servieren! – Dazu passt Reis u. frischer, grüner Salat.

Grete Koring

Grete „Gretel" Koring kocht leidenschaftlich gerne und ausgesprochen gut! Das sagen Kenner der Koringschen Küche, u. a. der Ehemann, Freunde, Bekannte und die Familie: zwei Töchter, zwei Schwiegersöhne, fünf Enkelkinder … Empfehlenswert für Gäste sei aus dem ersten Bielefelder Kochbuch z. B. die Lachstorte „lässt sich gut vorbereiten; mit frischer Tomatensuppe und einem Dessert ein leckeres Essen."

Spaghetti an Lauchsahnesauce mit Lachs

Simpel – schnell - lecker

300 ml trockener Weißwein

2 Zwiebeln, sehr fein gewürfelt

2 Becher Sahne

Salz, Pfeffer, gekörnte Brühe, Butter

1 - 1½ Stangen Porree/Lauch

Ca. 30 – 35 gr. geriebenen

Parmesankäse

1 Packung Räucherlachs **oder**

4 Stücke Lachsfilet

Schnittlauch

Zwiebeln in wenig Butter anschwitzen. Mit Weißwein auffüllen, kochen. Die Flüssigkeit auf knapp die Hälfte einkochen. Die Zwiebeln sollen dabei möglichst weich zerkochen. Sahne zufügen, wenig gekörnte Brühe, Salz und Pfeffer zugeben und 5 Min. kochen. Parmesankäse einrühren und schmelzen lassen.

Lauch vierteln, in feine Ringe schneiden und in der Pfanne mit wenig Butter kurz andünsten, wenig salzen. Der Lauch soll knackig bleiben.

Frische Lachsfilets in Butter anbraten, salzen und pfeffern - oder –

Räucherlachs in Streifen schneiden.   -   Spaghetti „al dente" kochen.

Sauce erwärmen, evtl. noch einmal abschmecken und nach Möglichkeit mit dem Stabmixer aufschäumen.

Auf die angerichteten Spaghetti Lauch und Sauce geben. Lachsfilets oder Räucherlachsstreifen aufsetzen. Mit Schnittlauch dekorieren.

Harald Krahmüller kocht „super"! Der Oberstaatsanwalt, verheiratet und zwei Kinder, ist Mitglied im *CC-Club Kochender Männer*. In seiner Freizeit geht er am liebsten zur Jagd oder fährt mit Oldtimermotorrädern – das älteste ist Baujahr 1949 – durch das schöne Lipperland.

Truchas con almendros
(Forellen mit Mandeln)
4 Forellen, Salz, Pfeffer, Saft von 1 Zitrone Olivenöl
4 dünne Scheiben luftgetrocknetes Schinken, Mehl,
100 gr. Schinkenspeck, 2 Knoblauchzehen, 4 EL Mandel-
Splitter, 3-4 EL Sherry oder Weißwein!

Forellen abspülen, trockentupfen mit Salz und Pfeffer
würzen und mit Zitronensaft beträufeln. Olivenöl
in einer Pfanne erhitzen und die Schinkenscheiben
darin glasig schwitzen. Den Schinken in die Forellen
füllen, anschließend die Forellen in Mehl wenden
und leicht abklopfen. Olivenöl erhitzen in der Pfanne,
die Forellen rundherum goldgelb anbraten herausnehmen und in eine gefettete Auflaufform setzen.
Den in kleine Würfel geschnittenen Schinkenspeck
im verbliebenen Bratfett auslassen. Die abgezogenen, feingehackten Knoblauchzehen dazugeben
und kurz mit dünsten. Mandelsplitter zum Speck
geben und ebenfalls kurz mit dünsten. Den Speck
mit dem Sherry oder Wein ablöschen und das ganze
über die Forellen verteilen. Die Fische in den
vorgeheizten Backofen schieben, bei etwa 200°C
(Heißluft etwa 180°C) etwa 10 Minuten backen.
Mui bien!
G. Kranzmann

Gerd Kranzmann, verheiratet und zwei erwachsene Söhne, ist seit 1990 Schulleiter des *Helmholtz-Gymnasiums*. Seit 13 Jahren ist er auch Ratsmitglied, Schwerpunkt Kultur, Schule, Sport. Der „Überzeugungsbielefelder" und „Schildsker" ist leidenschaftlicher Hobbykoch. Hoch im Kurs: regionale Küche, aber auch Fisch. Das Urlaubsland Spanien hat da seine Spuren hinterlassen.

- Keine Angst vor rohem Fisch -

Sushi ist einfach zu machen und einfach lecker! Heute: **Nigiri-Sushi**

Dazu brauchen wir:

200 g japanischen Rundkornreis, Reisessig, Seetangblätter, eingelegten Ingwer, Wasabi, Sojasauce, Sesam, Mirin (Reiswein) und Seetang für den Reis. Das alles bekommt man im Asialaden. Und dazu noch jeweils 100 g frischer Thunfisch vom rötlichen Teil, frischer Heilbutt und frischer Lachs.

Und so geht's:

Den **Reis** in einem Sieb unter fließendem Wasser so lange waschen, bis das Wasser klar bleibt. 1 Stunde ruhen lassen und dann den Reis im Wasser sprudelnd 2 Minuten kochen. 15 Minuten bei kleinster Hitze ausquellen lassen. Deckel auflegen, vom Herd nehmen und 15 Minuten ziehen lassen.

Essiglösung aus 1 EL Reisessig, 1 TL Salz und ½ TL Mirin zubereiten. Nach Geschmack 1 TL Zucker und etwas Soja-Sauce beigeben. Vorsichtig erwärmen, um den Zucker aufzulösen und umrühren. Das Ganze zu dem Reis geben, vorsichtig unterrühren und vorsichtig flach drücken. Bis zur Verwendung mit einem Baumwolltuch abdecken.

Nigiri-Sushi ist handgeformtes Sushi mit Belag. Den Fisch gegen die Faser in ½ cm dicke Scheiben schneiden und dann in 3 cm breite und 5 cm lange Streifen teilen. Ein Stück Fisch auf die Hand legen, nen Tupfer Wasabi drauf verteilen und 2 EL Reis auf den Fisch legen. Fest drücken und zu einem Rechteck formen. Der Reis sollte seitlich etwas überstehen.

Sushi schön anrichten und dazu noch ein kleines Schälchen mit Soja-Sauce zum Dippen hinstellen. – FERTIG!

Annika Krooß

Annika Krooß ist freie Moderatorin, Reporterin und leidenschaftliche Radiofrau. Die gebürtige Lipperin arbeitet seit 2000 bei verschiedenen Radiostationen, u. a. seit Sommer 2006 bei *Radio Bielefeld*. Sie moderiert bundesweit auf Messen, Modenschauen und Unterhaltungsveranstaltungen. Beim Bundesligisten TBV Lemgo moderiert sie das Hallen-Fan-TV. Die Gastwirtstochter aus dem Kalletal liebt die heimische Küche und besondere Spezialitäten.

gegrillter Hummer

6 kleine Hummerschwänze
60 ml Olivenöl
Salz, Pfeffer, Zitronensaft
gehackter, frischer Dill
Zitronenspalten

Die Hummerschwänze der
Länge nach halbieren und
die Schale auf der Innenseite
einschneiden. Das Fleisch
freilegen. - Olivenöl, Salz,
Pfeffer und Zitronensaft
mischen (evtl. gepresster Knoblauch dazu) und das Hum-
merfleisch damit einstreichen.
Auf einen eingeölten Grill legen - das Fleisch nach unten -
braten - danach
abgedeckt ca. 5 Min.
weitergaren. - Die Schalen
müssen sich rosa färben.
Mit Zitronenspalten und
frischem Dill verzieren.
Dazu passt Baguette und ein
gut gekühlter Chardonnay!
Guten Appetit. Jutta Küster

Jutta Küster – „mit ü wie aus der Kirche" – Beruf: Journalistin. Berufung: Bielefelderin mit Leib und Seele. Sie hat zehn Jahre im „Ausland" gelebt – Berlin, Washington D.C., Hamburg – und immer Heimweh nach Bielefeld gehabt. Arbeitet seit Sendestart 1991 bei *Radio Bielefeld*. Mehrfach verheiratet „beim dritten Mann wird alles anders", mehrere Kinder und Enkelkinder. Mag nicht kochen; liebt aber gutes Essen.

Zuppa fredda die carciofi con Calamari ripieni ai gamberoni

Kalte Artischockensuppe mit Tintenfisch, gefüllt mit Riesencrevetten

Für 4 Personen

6 Artischocken
2 Schalotten, fein geschnitten
1 Knoblauchzehe, fein geschnitten
2 Esslöffel Olivenöl
100 ml Weißwein
1 Thymianzweig
3/4 kräftiger Gemüsefond
50 ml kräftiges kaltgepresstes Olivenöl
Salz und Pfeffer aus der Mühle

4 frische Tintenfische
8 frische Riesencrevetten
2 Esslöffel kleine Tomatenwürfel
2 Esslöffel Frühlingszwiebel, kleingeschnitten
2 Esslöffel glatte Petersilie, in Streifen geschnitten
4 Thymianzweige
1 Knoblauchzehe
2 Esslöffel Olivenöl

Von den Artischocken die Stiele abbrechen, die Blätter entfernen, sodass nur noch die Artischockenböden übrigbleiben (geht auch mit Artischockenböden aus dem Glas). Diese kleinwürfeln.

Die Schalotten und den Knoblauch in Olivenöl glasig dünsten (ohne das diese Farbe annehmen), dann die Artischockenböden dazugeben und mit dem Weißwein ablöschen. Den Thymianzweig hinzufürgen und mit dem Gemüsefond aufgießen. Etwa 15 Minuten leicht köcheln lassen.

2-3 Esslöffel davon für die Füllung beiseite stellen. Den Thymianzweig entfernen und den Rest der Suppe mit dem Mixstab fein pürieren. Mit dem kaltgepressten Olivenöl schaumig aufschlagen, mit Salz und Pfeffer abschmecken und kühl stellen.

Von den Tintenfischen die Fühler abtrennen und beiseite legen (sollte sich noch Sand in den Saugnäpfen befinden, diese gut ausspülen). Die Tintenfische ausnehmen, sauber auswaschen und trockentupfen.

Vier Riesencrevetten aus der Schale lösen und den Darm durch einen Schnitt den Rücken entlang entfernen. In kleine Würfel schneiden und mit den beiseite stellten Artischockenwürfeln, Tomatenwürfeln, der Frühlingszwiebel und der Petersilie vermengen, mit Salz und Pfeffer abschmecken. Die Masse in einen Dressiersack geben und die Tintenfische zu zwei Dritteln damit füllen (da sie sich beim Braten zusammenziehen, würden sie platzen, wenn man sie ganz füllt). Mit einem Zahnstocher verschließen.

Mit Salz und Pfeffer kräftig würzen, ebenso die restlichen Riesencrevetten und die Fühler der Tintenfische. Alles zusammen mit dem Thymian und der vorher aufgeschnittenen Knoblauchzehe im heißen Olivenöl goldbraun braten. Die Tintenfische aus der Pfanne nehmen und etwas ruhen lassen.

Die Artischockensuppe in gekühlte Suppentassen füllen und mit etwas kaltgepresstem Olivenöl beträufeln. Mit den warmen, aufgeschnittenen Tintenfischen und den Riesencrevetten servieren, nach belieben mit den krossgebratenen Fühlern garnieren.

Tipp: Anstelle von Artischocken können Sie auch mal Stangensellerie, Fenchel oder rote Paprika verwenden.

Peter Kuhn ist seit neun Jahren Generalmusikdirektor der Stadt Bielefeld. Er hat 2000 den Förderpreis der deutschen Musikverleger für die beste Programmgestaltung erhalten. Kuhn ist großer Fischliebhaber und „Gelegenheits-Hobbykoch". Zum Essen hat er auch ins Brackweder Freibad gelockt: „Picknick trifft Klassik" – eine überaus erfolgreiche Traditionsveranstaltung. Der gebürtige Karlsruher hat übrigens 1992 sein Dirigierstudium abgeschlossen. Danach war er Kapellmeister am Theater Dortmund, Leiter des Jungen Philharmonischen Orchesters Niedersachsen und erster Kapellmeister am Luzerner Theater.

Fischsuppe
mit Filets vom Wolfsbarsch
und gebackenen Tomaten

Zutaten

Für die Suppe

600 gr. Wolfsbarsch-Filet, 500 gr. Suppenfische, 2 Schalotten, 1 Tomate, 1 Tl. Tomatenmark, 3 Knoblauchzehen, 100 ml Olivenöl, 0,1l Weisswein, 4 Stängel Thymian, 1 Msp. Safran

Für die gebackenen Tomaten

120 gr. Kirschtomaten, frische Kräuter, 1 Ei, 20 gr. Mehl, 100 ml Milch, Salz und Pfeffer, Pesto

Zubereitung

Die Suppe

Die Suppenfische ausnehmen und schuppen. Mit den grob gewürfelten Schalotten, der geschälten Knoblauchzehe, der Tomate und dem Thymian in nicht zu wenig Olivenöl von allen Seiten leicht bräunen. Mit einer Mischung aus Wasser und dem Wein aufgießen und zusammen mit dem Safran und dem Tomatenmark für knapp 30 Min. offen leise simmern lassen.

Die gebackenen Tomaten

Für das Tomaten-Clafoutis den Ofen auf 150° vorheizen. Die Kirschtomaten halbieren, in eine gefettete Form legen und mit den frischen Kräutern bestreuen. Das Ei mit der Milch verquirlen und das Mehl glatt einarbeiten, ohne dass sich Klümpchen bilden. Salzen und über die Tomaten geben. 20 Min. im Ofen garen.

Fertigstellung

Die Fischsuppe aufmixen. Herzhaft abschmecken und die Wolfsbarschfilets darin ca. 3 Min. pochieren – die Suppe sollte keinesfalls mehr kochen. Die Suppe in tiefe Teller geben, die Filets in der Mitte anrichten, mit dem Pesto beträufeln und die Tomaten an den Rändern platzieren.

Diese Fischsuppe kocht Holger Kuntz gerne mit den Gästen im kleinen „Kulinarischen Buchladen" im Bielefelder Westen. Der 46jährige hat seine Berufslaufbahn als Koch in der Traube Tonbach begonnen. Nach mehreren Stationen – unter anderem in Berlin und Hannover – ist er jetzt selbständiger Gastronom in Bielefeld.

Lolos Lachs mit Nudeln

für 4 Personen
schnell und einfach!

- 4 Lachsfilets
- 250g Sahne
- 4 EL Frischkäse
- 2 EL Honig
- 2 EL Senf
- 1 Tüte Bandnudeln

Salz, Pfeffer und Zitronensaft
zum Abschmecken.

Backofen auf 160° vorheizen,
in einer Auflaufform Sahne, Frischkäse,
Honig, Senf und Zitronensaft verrühren,
Lachs hinzufügen und ca. 25 Minuten
garen. Nudeln kochen. Ausschließend
gemeinsam auf dem Teller anrichten.

Guten Appetit wünschen
Sandra Kurz
und Lolo

Sandra Kurz ist freie Autorin für vorwiegend Kinder- und Kulturthemen. Unter anderem ist sie auch Autorin der „Lolo"-Kinderbücher, Geschichten über einen liebenswerten, kleinen Hund aus Bielefeld. Sandra Kurz ist hier geboren, hat in Wien Musikwissenschaften und Germanistik studiert und lebt heute mit Mann und Kind, Katze und Hunden auf dem Land zwischen Bielefeld und Gütersloh. Sie hätte lieber ein Backrezept eingereicht, „es gab aber keinen netten Fischkuchen".

Zander in Vollkornbrothülle

Zutaten: Zanderfilet

Vollkornbrot zerbröselt

Salz, Pfeffer, Mehl, Ei

Fett zum Braten

Fischfilet säubern, mit Salz + Pfeffer würzen.

In Mehl und anschließend in verquirltem Ei wenden, von beiden Seiten in Vollkorn-brösel drücken.

In heißem Fett in der Pfanne braten.

Als Beilage empfehle ich leckeres Kohlrabigemüse. H. G. Lamm

Hans-Günter Lamm ist Kreishandwerksmeister der *Bielefelder Bäcker-Innung*. Seit über 50 Jahren ist er im Beruf – von Anfang an im Betrieb der Eltern, den er 1975 als Chef übernahm. Der Ehemann und Vater von drei Kindern ist nebenher Mitglied im Aufsichtsrat der *Volksbank Bielefeld*, und er ist im Vorstand des *Verkehrsvereins*. „Mein Hobby ist der Beruf, da bleibt für andere Dinge nicht mehr viel Zeit.

Ein schnelles Gericht + super lecker!

GARNELEN - OMELETT

6 EIER
200 g rohe Garnelen
1 unbehandelte Zitrone
glatte Petersilie
1 EL Parmesan
1 EL Butter
1 TL Oliven-Öl
etwas getrocknete Chilischote
Salz + Pfeffer

Die Eier mit Salz, Pfeffer und der klein gehackten Petersilie verquirlen. Dann geriebene Zitronenschale und Zitronensaft sowie den Parmesan unterrühren.

Die Garnelen waschen, trocken tupfen, grob hacken und unter die Eimasse rühren.

Olivenöl und Butter erhitzen, bis es schäumt.

Eine Pfanne, die 225 Grad im Ofen aushält, mit dem Oliven-Öl-Butter-gemisch füllen und dann die Ei-Mischung dazugeben. Bei mittlerer Hitze auf dem Herd 1-3 Minuten kochen/braten. Mit einem Löffel vorsichtig rühren.
Dann die Pfanne in den auf 225 Grad vorgeheizten Backofen geben und 5-6 Min. backen, bis es leicht gebräunt ist.
Die zerkrümelte Chilischote darüber streuen (Kann man aber auch vorher schon in die Eimasse einstreuen).
Dazu einen sehr kalten Weißwein servieren und etwas Brot. Guten Appetit, Andreas Liebold

Andreas Liebold, Moderator, Kabarettist, Autor und Medientrainer, arbeitet seit 1991 auch als Moderator bei *Radio Bielefeld*. Der gebürtige Heidelberger machte in Bielefeld Abitur, spielte u. a. mit Ingolf Lück Theater; war Mitbegründer des Frühstyxradios ffn und moderierte verschiedene Fernsehsendungen. Andreas Liebold war Chefredakeur von Radio Herford und Pressesprecher für das ATP-Tennis-Turnier Mallorca Open. Er ist verheiratet und hat einen Sohn.

Fischgratin für Feinschmecker

200 g Naturreis in 1/2 l Salzwasser 25 Min. gar kochen. Inzwischen 350 g Schellfisch-Filets säubern, säuern und salzen. Je 150 g Zucchini und Mohrrüben in feine Streifen schneiden und 5 Min. in Butter andünsten.

Für eine Soße 4 Eigelb mit 1 Eßl. Zitronensaft, 4 Eßl. Weißwein und 6 Eßl. Gemüsebrühe und 125 g Safran verquirlen und bei milder Hitze cremig aufschlagen. Nach und nach 60 g gekühlte Butterflöckchen unterrühren, mit Salz und Pfeffer abschmecken. Dann den Reis in Portionsförmchen füllen, darüber den Fisch und die Gemüsestreifen geben, mit der Gratin-Soße übergießen und im vorgeheizten Backofen 10 Min. goldgelb überbacken – zum Schluß mit Dillspitzen verzieren.

Viel Erfolg!

Christa Lincke Vors. des Kinderschutzbundes

Christa Lincke ist die Vorsitzende des *Kinderschutzbundes* in Bielefeld. Seit fünf Jahren arbeitet sie ehrenamtlich an dieser Stelle; denn Kinderschutz ist ein lebenswichtiges Thema für die studierte Theologin und ehemalige Berufsschullehrerin. Die Mutter von zwei erwachsenen Kindern und vier Enkelkindern kocht gerne; allerdings ist das nicht ihr liebstes Hobby. Das ist Tennisspielen mit Freunden „so eher für den Hausgebrauch" und Fahrradtouren mit ihrem Ehemann. Ansonsten ist sie allen Dingen des Lebens gegenüber sehr aufgeschlossen.

Seeteufelfilet auf Champagner-Sauce (für 4 Personen)

Für den Fisch:
850 g Seeteufelfilet, 2 TL Senf, Mehl, Salz und Pfeffer, Butter

- Den Fisch in vier Stücke portionieren, salzen, pfeffern, mit Senf bestreichen, in Mehl wenden und in der Pfanne langsam gar braten

Für die Sauce:
1 Schalotte, 1 EL Butter, je 150 ml Fischfond und Sahne, 1 Glas Sekt oder Champagner, Salz

- Die fein geschnittene Schalotte in Butter anschwitzen, mit Fischfond ablöschen, auf die Hälfte einkochen, die Sahne zufügen, wiederum reduzieren und zum Schluß mit Sekt bzw. Champagner verfeinern und mit Salz abschmecken.

Dazu passen: Kartoffel-Basilikum-Chips

oder Basmatireis

Gutes Gelingen und guten Appetit

Dagmar Loth

Dagmar Loth ist – im wahrsten Sinne des Wortes – eine Powerfrau. Die gebürtige Bielefelderin, Ehefrau und Mutter von drei erwachsenen Kindern ist Vorstandsmitglied der *Kaufmannschaft Altstadt* und der *Go-starken Powerfrauen*. Hauptberuflich ist sie Salon Managerin der *Loth*-Geschäfte. Sie bekocht leidenschaftlich gerne ihre Familie und Freunde – eher mit Fisch als mit Fleisch und liebt Reisen, Lesen und Wellness.

Thunfischsalat
~ Jörgs Style ~

- 200 g weißer Thunfisch
- 200g Langkornreis
- 2 Eßl. Olivenöl
- 4 hartgekochte Eier, 2 weiße Pfirsiche, je 1 rote und 1 grüne Paprikaschote, 1 Stange Bleichsellerie
- 50g schwarze Oliven
- 1 Eßl. Dijonsenf, Salz, Pfeffer, 4 Eßl. Zitronensaft, 1 Teel. Salatkräuter, 1/8 l Rahm, 1 ½ Eßl. Edelsüßer Paprika, 1 Prise scharfer Paprika

Wasser mit Salz und einem Eßl. Paprika aufkochen. Reis zugeben und 18 min. kochen. Anschließend abgießen und erkalten lassen. Thunfisch abgießen und in kleine Stücke teilen.

Pfirsiche kurz in heißes Wasser tauchen, schälen und klein würfeln. Paprikaschoten und Sellerie putzen und schneiden.

Den Reis mit kaltem Wasser abspülen, gut abtropfen und in eine Schüssel geben. Das Olivenöl hineinrühren und Paprikaschoten, Sellerie, Pfirsiche und Thunfisch beifügen.

Den Rahm mit Senf, Zitronensaft, Salz, Pfeffer, Salatkräutern und den restlichen edelsüßem und scharfem Paprika mischen.

2 Eier in Scheiben schneiden, die beiden anderen hacken und unter den Reis mischen.

Die Sauce unmittelbar vor dem Servieren über Salat gießen und mit Oliven, Ei und Paprika garnieren

Tip: Statt Pfirsichen können auch Äpfel oder Ananas verwendet werden, und anstatt des scharfen Paprikas kann man Cayennepfeffer nehmen.

~ Guten Appetit ~

Erika Ludewig

Erika Ludewig hat das Lieblings-Fischrezept ihres Sohnes Jörg aufgeschrieben „das ist die einzige Zubereitung mit Fisch, die Jörg mag". Erika Ludewig lebt seit mehr als 50 Jahren in Steinhagen. Die Fisch-Liebhaberin ist verheiratet und hat zwei erwachsene Söhne. Der Namensgeber für ihr Rezept „Jörgs Style" ist der bekannte „Bielefelder" Radrennfahrer Jörg Ludewig, der 2007 seine Karriere als aktiver Radprofi aufgegeben hat.

ROMAN MAIORINO´S ZITRONENTEUFEL
ZUTATEN & REZEPT FÜR 4 PERSONEN

500 GR. SEETEUFELFILET
4 GANZE KNOLLEN KNOBLAUCH (NICHT ZEHEN)
400 ML OLIVENOEL
300 ML FRISCHER ZITRONENSAFT
CA. 25 MINIKARTOFFELN
5 ROSMARINZWEIGE
5 TYHMIANGEBINDE
GROBER SCHWARZER PFEFFER
GROBES MEERSALZ
WEISSBROT

ZUBEREITUNG:
DAS GEWASCHENE SEETEUFELFILET IN CA 6 CM. GROSSE
STÜCKE SCHNEIDEN *
OLIVENÖL UND ZITRONENSAFT VERMISCHEN
UND AUF EINEM BACKBLECH VERTEILEN *
KNOBLAUCHZEHEN VON DER KNOLLE LÖSEN UND
UNGESCHÄLT AUF DEM BACKBLECH VERTEILEN * EBENSO DIE
SEETEUFELSTÜCKE UND DIE UNGESCHÄLTEN
MINIKARTOFFELN * GROSSZÜGIG MIT PFEFFER UND MEERSALZ
WÜRZEN * OBEN AUF DIE TYHMIAN-UND ROSMARINZWEIGE
VERTEILEN *
DAS GANZE DANN FÜR CA. 45 MIN. IN DEN AUF 180 GRAD
VORGEHEIZTEN BACKOFEN * ZWISCHEN DIE ZUTATEN MIT
ENTSTEHENDEN SUD VERRÜHREN *

HINWEIS:
DIE KNOBLAUCHZEHEN SIND EINE DELIKATESSE
WENN SIE AUSGEDRÜCKT WERDEN UND DIE KNOBLAUCHPASTE
ALS AUFSTRICH FÜR DIE
KARTOFFELN BENUTZT WIRD.
DAS WEISSBROT DIPPTMAN IN DEN ENSTEHENDEN SUD AUF
DEM BACKBLECH

VIEL SPASS UND GUTEN APPETIT BEI DIESEM
SCHNELLEN UND GUT VORZUBEREITENDEM
GERICHT !

Roman Maiorino ist Bielefelder mit neapolitanischen Wurzeln. Das erklärt vielleicht seine Liebe zur Musik, seine Leidenschaft für gutes Essen, seine Lebensfreude und Aufgeschlossenheit. Der gelernte Hotelkaufmann arbeitet seit 15 Jahren als Musiker und Veranstaltungsprofi – überwiegend für Firmenevents. Der Ehemann und leidenschaftliche Hobbykoch liebt den Sport und die Bewegung, besonders an frischer Luft: Er ist Fan des Nordic Skating.

Tempuragarnelen

Rezept für 4 Pers.

2 Eigelb
400 ml Eiswasser
125 g Mehl
125 g Salz
8 Riesengarnelen, etw. Mehl zum Wenden
300 g Pflanzenfett
2 Eßl. Sweet Chili Sauce
Kresse für die Garnitur

Eigelbe, Eiswasser, Mehl, Speisestärke u. Salz
mit einem Pürierstab zu einem glatten
Tempurateig mixen. Riesengarnelen ausbreiten
u. säubern. In etw. Mehl wälzen, durch den
Tempurateig ziehen und in dem heißen
Pflanzenfett goldgelb ausbacken. Riesengarnelen
auf Küchenpapier abtropfen lassen, je Art
salzen u. anrichten. Alles mit Sweet-Chili-
Sauce beträufeln, und Kresse garnieren.
Soll köstlich schmecken!
Heidrun Maoro

Heidrun Maoro ist waschechte Bielefelderin, Mutter von zwei Kindern und Großmutter. Sie hat 20 Jahre lang als Physiotherapeutin in eigener Praxis gearbeitet, ist jetzt den Ruhestand genießende Ehefrau. Ihre Hobbys sind u. a: die italienische Sprache, Klavier spielen und Golf. Sie selber isst keinen Fisch und Meeresfrüchte – kocht „Tempuragarnelen" aber gerne für ihre Freunde.

Lachsfilets mit Kartoffeln vom Blech

(f. 2 Pers.)

Zutaten: 500 g junge Kartoffeln
Olivenöl
1 Zweig Thymian
1 Zweig Rosmarin
1 Knoblauchzehe
Salz und Pfeffer aus der Mühle
2 Lachsfilets ohne Haut à 150 g
8 Garnelen

Kartoffeln schälen und vierteln, 4 EL Olivenöl in der Fettpfanne im Backofen erhitzen (180°, vorgeheizt), Kartoffeln hineingeben und anbraten.

Thymian- und Rosmarinzweig zerkleinern und zugeben, Knoblauchzehe fein hacken und zufügen, 10-15 Minuten im Backofen garen, mit Salz und Pfeffer würzen.

Garnelen entdarmen, abspülen und trockentupfen. Lachsfilets und Garnelen mit Salz und Pfeffer würzen.

Kartoffeln etwas in der Fettpfanne zusammenschieben, 1 EL Olivenöl auf die freie Stelle geben, Lachsfilets auf der Hautseite daraufleben, ca. 10 Min. garen, nach 5 Min. die Garnelen daneben legen.

dazu: Aioli und Blattsalat mit Vinaigrette.

M. Mathias

Marion Mathias ist Diplom-Bibliothekarin, lebt in Jöllenbeck, arbeitet in Hannover und ist die Ehefrau des bekannten *Radio Bielefeld* Sportreporters und Nachrichtenredakteurs Dr. Ulrich Zwetz. Eine aufregende „Melange"; da bleibt nicht viel Zeit für ausgedehnte Kochorgien und andere aufregende Hobbys. Wenn Marion nicht liest und arbeitet, kocht sie auch mal Ulis Lieblingsfischrezept. Die beiden machen gerne Urlaub im Tessin, in Südtirol und lieben die Entspannung am Meer.

Orchiette mit gebratenem Tintenfisch

Zutaten für 4 Personen

8 Tintenfische
10 EL Olivenöl
2 Zweige Rosmarin
3 Zweige Thymian
4 Zehen Knoblauch
7 Paprika rot, 2 Schalotten
50 g Pinienkerne
80 g geriebenen Parmesan

2 EL Balsamico-Essig, weiß
500 g Orecchiette (Nudeln)
50 g Oliven, schwarz (ohne Kerne)
50 g Oliven, grün (ohne Kerne)
50 g getrocknete Tomaten
20 Blätter Basilikum
Salz, Pfeffer, Chillipulver

Die Tintenfische putzen und küchenfertig herrichten. In einer Pfanne mit drei Esslöffeln heißem Olivenöl cira eine halbe Minute von allen Seiten anbraten. Je einen Zweig Rosmarin und Thymian sowie zwei angedrückte Knoblauchzehen dazugeben. Dann alles aus der Pfanne nehmen und beiseite stellen.
Die Paprikaschoten vierteln, entkernen und durch einen Entsafter pressen, so dass etwa 700 ml Saft entstehen.
Schalotten in feine Würfel schneiden, zwei Zehen Knoblauch fein würfeln. In der gleichen Pfanne, in der die Tintenfische gebraten wurden, Schalotten und Knoblauch in zwei Esslöffeln heißem Olivenöl anschwitzen und mit dem Paprikasaft ablöschen. Den Sud auf etwa die Hälfte einkochen lassen. Je einen Rosmarinzweig und Thymianzweig zugeben, mit weißem Balsamico-Essig, Salz, Pfeffer, und Chilli abschmecken und etwas ziehen lassen.
Einen großen Topf Salzwasser zum kochen bringen, die Orecchiette darin nach Packungsanleitung bissfest garen.
Den Paprikasud durch ein Sieb gießen, und drei Esslöffel Olivenöl mit einem Pürierstab untermixen. In einer Pfanne ohne Öl die Pinienkerne anrösten. Die schwarzen und grünen Oliven vierteln, die getrockneten Tomaten würfeln. Basilikumblätter grob zupfen. Von einem Zweig Thymian die Blätter zupfen. Die Orecchiette in einer großen Pfanne in einem Esslöffel Olivenöl anschwitzen und mit Pinienkernen, Oliven, getrockneten Tomaten, Basilikum- und Thymianblättern und Parmesan durchschwenken. Mit einem Esslöffel Olivenöl und Salz abschmecken. Den aufgemixten Paprikaschaum zugeben, kurz aufkochen lassen, die gebratenen Tintenfische zugeben und servieren. Guten Appetit.

„Das Rezept habe ich in einer Kochshow gesehen und musste es sofort nachkochen". Klaus Meding ist begeisterter Angler und Hobbykoch. Das aufwändige Rezept hat beim Testessen Sohn und Lebensgefährtin überzeugt und beiden gut geschmeckt. Deshalb ist es im „Bielefelder Kochbuch" gelandet.

Reissalat mit Thunfisch
(4 Personen)

125 gr. Langkornreis (Kochbeutel) — Kochen, kalt abbrausen, abtropfen lassen

150 gr. Thunfisch (Dose) — abtropfen lassen, in kleine Stücke zerpflücken

100 gr. Perlzwiebeln (Glas) — abtropfen lassen, evtl. halbieren

1 rote Paprikaschote — waschen, säubern, in Würfel schneiden

einige Gewürzgurken — in Scheiben schneiden
2 Eßl. kleine Kapern (s.u.)

8-10 Eßl. Miracel Whip
evtl. etwas Öl und Essig
2 Eßl. Kapern mit Flüssigkeit
Salz
weißer Pfeffer
} zu einer cremigen Salatsauce verrühren — mit den obigen Zutaten gut vermischen — im Kühlschrank durchziehen lassen und noch einmal abschmecken!

– Lecker!!! –

A. Meyer
Brackwede

Annette Meyer lebt seit 20 Jahren am Südhang des Teutoburger Waldes – in Brackwede. Sie ist verheiratet, Hausfrau und Mutter von zwei Kindern. „Ich backe für mein Leben gern!" schreibt sie. Doch auch das Fischrezept sei lecker!!

Lachs in Kokossauce

Zutaten für 4 Personen: (x = im Asiashop erhältlich)

500 g	Lachs
400 g	Broccoli (1 kleiner Kopf)
4	Möhren
600 ml	Kokosmilch
2 Eßl.	Öl
1 Eßl.	rote Currypaste x
2-3 Eßl.	Fischsauce x
1 Eßl.	Zucker / Palmzucker x
1 Eßl.	Zitronensaft

Zubereitung ca. 30 Minuten:

1. Broccoli in kleine Stücke schneiden, Möhren schälen und in Scheiben schneiden und Lachs in 2 cm dicke Streifen schneiden.

2. In einem Topf / Wok Öl erhitzen. Die Currypaste hinzugeben und unter Rühren anbraten. Mit Kokosmilch ablöschen und die Möhren, den Broccoli, die Fischsauce, Zucker und Zitronensaft hinzugeben und umrühren. Den Lachs oben drauf legen, so dass er mit Kokosmilch bedeckt ist. Nicht umrühren!

3. Alles ca. 15 Minuten köcheln lassen und ggf. mit Fischsauce und Zitronensaft abschmecken.

Zusammen mit Duftreis servieren. Nicole Meyer, Bielefeld

Die gebürtige Bielefelderin Nicole Meyer arbeitet im Kongressbüro der *Bielefeld Marketing*. Da sind zwei ihrer Leidenschaften zusammen gekommen: die Liebe zu Bielefeld und das Planen und Organisieren von Veranstaltungen. Ihr „ganz großes" Hobby: regelmäßiges Kochen mit ihren Freundinnen à la „Das perfekte Dinner". Ansonsten geht Nicole Meyer gerne Tauchen und Reiten. Und sie liebt Griechenland – ihr Urlaubsparadies.

Schellfisch unter der Krabbenhaube mit Dillsauce

(pro Portion)

Schellfischfilet:

150 g Schellfisch
40 g Krabbenfleisch
40 g Hollandaise
1 Zweig Dill, fein geschnitten
5 feine, gegarte Würfel je von Lauch, Sellerie und Karotte

Das Schellfischfilet mit Salz würzen und kurz andünsten. Dann die Krabben mit den restlichen Zutaten mischen und auf das Schellfischfilet geben. Im Backofen mit Grillfunktion überbacken.

Dillsauce:

100 ml Fischfond
100 ml Sahne
50 ml Weißwein
1 Schalotte
5 Zweige Dill

Die Schalotten fein schneiden, anschwitzen und mit Weißwein und Fischfond auffüllen. Alles auf die Hälfte reduzieren. Die Sahne zugeben und nochmals um 1/3 reduzieren. Eventuell mit etwas Stärke binden. 3/4 vom gezupften Dill zur Sahne und mit einem Pürierstab mixen. Zum Schluss den Rest Dill hinzugeben.

Guten Appetit!

Thomas Meyer

Der gebürtige Bielefelder Thomas Meyer isst gerne, lässt aber lieber kochen. Thomas Meyer ist Geschäftsführer der Firma *Meyer Menü*. In seiner Freizeit hat's der Ehemann und Vater von drei Kindern mit dem Sport: er ist Arminia-Fan und gelegentlicher Hermannsläufer.

Gratinierter Lachsauflauf

500 g Lachsfilet
Zitronensaft, Salz
1 Möhre
1 Stück Sellerie
1 Lauchstange
20 g Butter
150 g Champignons
1 Schuss Noilly Prat
1/8 l Sahne
1/8 l Crème Fraiche
Salz, Streuwürze
je 1 EL getr. u. frischer Estragon
etwas Stärke

Das Lachsfilet in vier gleichmäßige Stücke schneiden, säubern u. salzen. Nebeneinander in eine ausgebutterte feuerfeste Form legen. Das Gemüse in feine Streifen schneiden (Julienne) u. in Butter andünsten. Die abgezogenen, in Scheiben geschnittenen Champignons zufügen. Mit Noilly Prat ablöschen. Sahne, Crème Fraiche u. getr. Estragon zugeben u. abschmecken. Gut mit etwas angerührter Stärke binden. Alles über den rohen Lachs geben u. im Ofen bei 200 °C ca. 20 min. gratinieren. Mit frischem Estragon bestreuen.
Dazu können Sie Reis oder Salzkartoffeln reichen.

Dr. Ulrike Meyer-Johann ist die verantwortliche Ärztin für ein Programm zur Früherkennung von Brustkrebs, für das sog. Mammografie-Screening. Die gebürtige Oppenheimerin, mit einem Mediziner verheiratet und Mutter einer Tochter, arbeitet als leitende Ärztin in dem Zentrum für Radiologie und Nuklearmedizin *Diranuk* an der Feilenstraße. Seit sechs Jahren lebt Ulrike Meyer-Johann hoch im Norden der Teutostadt und hegt und pflegt, wenn sie Zeit hat, neben Familie und Heim „ihren" Garten.

Matjessalat "Tutti Frutti"

2 frische Doppelfilets Matjes
1 kl. Dose Tutti Frutti (140g Einwaage)
½ Becher Schmand

Obst abtropfen lassen,
Filets in Stücke schneiden,
alles vermischen und
mind. 1 Std. ziehen lassen.

Guten Appetit!

Dieses Rezept verriet mir eine
nette Dame in der Warteschlange
an der Kasse. Es war ganz
einfach zu merken. Erst war ich
etwas skeptisch: süß, sauer + salzig!
Aber das Ergebnis ist beeindruckend.

Iris Metzdorf

Iris Metzdorf, gebürtige Rheinländerin, lebt seit mehr als 20 Jahren in Bielefeld. Die Ehefrau und Mutter ist berufstätig und engagiert sich ehrenamtlich in der evangelischen Kirche. Ihre Hobbys sind u. a. das Schreiben von Texten auf ihrem Computer und Radfahren; am liebsten 14tägige Radtouren im Urlaub.

Seefisch – auf italienische Art

(ca. 4 Portionen)

100 g Zwiebeln
1 Knoblauchzehe
2 Essl. Olivenöl
500 g frische Tomaten (oder 1 große Dose)
1 Zitrone
600 g Seefischfilet (z. B. Seelachs, Lachs, Hecht, Rotbarsch ...)
100 g Schafskäse
ein paar schwarze Oliven
Basilikum (frisch oder tiefgefroren)
Salz, Pfeffer, Majoran oder Oregano, Rosmarin

Die Zwiebeln würfeln, den Knoblauch hacken oder pressen und in einer
Pfanne mit 1 Essl. Öl glasig dünsten.
Die Tomatenhaut kreuzweise einschneiden und kurz in kochendes Wasser
tauchen, damit sich die Haut ablöst.
Die Tomaten gestückelt zu den Zwiebeln geben, sie zu einem Brei verrühren
und köcheln lassen, bis der Saft dick wird.
Die Tomatensauce mit den getrockneten Kräutern sowie Salz und Pfeffer
würzen.
Das Fischfilet mit Zitronensaft beträufeln und mit etwas Olivenöl einreiben.
Dann in Stücke schneiden (ca. 3 cm x 3 cm) und in die Tomatensauce geben.
Den Schafskäse stückeln und über Tomaten und Fisch streuen.
Das Ganze noch etwa 10 Minuten köcheln lassen. Zum Schluss erst die
Oliven dazugeben und das klein geschnittene Basilikum darüber streuen.

Guten Appetit!

Siegfried Mühlenweg

Siegfried Mühlenweg ist Pressesprecher der *Handwerkskammer*. Der gebürtige Bielefelder entdeckte schon während der Schulzeit auf dem „Rats" seine Liebe zu Frankreich, aktiv seit den 70er Jahren in der Partnerschaft zwischen Bielefeld und Concarneau. Seitdem ist Siegfried Mühlenweg häufig nach Frankreich gefahren, hat auch Reisen für Freunde organisiert. Der Familienvater – Genießer guten Essens und leckerer Weine – ist ehrenamtlich tätig im *Lions Club Sparrenburg,* u. a. bekannt durch den Glühweinstand auf dem Bielefelder Weihnachtsmarkt.

Dorsch in einem Ei - Parmesan - Mantel

Zutaten für 4 Personen
4 Dorsch/Kabeljaufilets (ca. 600 g)
Salz
frisch gemahlener Pfeffer
frischer oder getrockneter Rosmarin
2 Eier
2 EL Crème fraiche
2 EL frisch geriebener Parmesan
2 EL Olivenöl
40 g Butter

Zubereitung:

1. Die Fischfilets waschen, trockentupfen und mit Salz und Pfeffer einreiben. In Mehl wenden und überschüssiges Mehl abklopfen.

2. Eier, Crème fraiche und Parmesan verrühren und die Filets darin wenden.

3. Öl erhitzen, Rosmarin einstreuen und die Filets darin pro Seite 3 bis 4 Minuten goldbraun braten. Zum Schluss die Butter hinzufügen.

Servieren mit Rosmarin-Kartoffeln oder Tagliatelle, als Beilage Salat mit Zitronen - Sahne Dressing oder mediterranes Gemüse.

Norbert Müller, geboren in „Bohmte an der Hunte" ist Chef der *BGW* – mit 12.000 Wohnungen. Durch sein Studium BWL und Pädagogik/Sozialwissenschaften kam der Niedersachse an die Bielefelder Uni, dann zur *BGW*. In seiner Freizeit kocht der Ehemann und Vater von drei erwachsenen Kindern leidenschaftlich gerne: für Familie, Freunde und Gäste. Außerdem liest er Bücher über Mythen und die Geschichte Afrikas, und er reist gerne in warme Regionen.

Panierte Fischfilets auf indische Art

Zutaten:

4 Fischfilets (zum Beispiel Seelachs)
2 mittelgroße Zwiebeln
Ingwer
2 Knoblauch-Zehen
2 kleine Peperonis
Salz
Zucker
150 - 200 Gramm Naturjoghurt
Paniermehl
2 - 3 Eier
Pflanzenöl

Zubereitung:

Zwiebeln, Knoblauch, Ingwer und die Peperonis mit einer Küchenmaschine pürieren oder wahlweise mit einer Reibe fein zerkleinern. Die Paste mit dem Joghurt, Salz und Zucker vermengen und als Marinade vorbereiten und beiseite stellen.

Unterdessen die einzelnen Fischfilets in je vier bis fünf kleinere Stücke portionieren. Fischstücke in die Marinade hineingeben. Alles vorsichtig umrühren und über Nacht im Kühlschrank ziehen lassen.

Am nächsten Tag die Eier zum Panieren zerschlagen, in eine flache Schüssel oder tiefen Teller geben und verquirlen. Paniermehl ebenso vorbereiten. Die marinierten Fischstücke zuerst sorgfältig in den verquirlten Eiern, danach im Paniermehl wenden.

Die panierten Fischstücke vor dem Braten im heißen Pflanzenöl ein bis zwei Stunden im Kühlschrank ziehen lassen.

Tapas Mukherjee

Tapas Mukherjee kam 1945 – als Sohn eines Brahmanen und Philosophieprofessors – im indischen Kalkutta auf die Welt. Nach einer Ausbildung zum Offset-Drucker kam er mit einer Empfehlung des dortigen Goethe-Institutes als Praktikant nach Bielefeld. Seit 1967 lebt und arbeitet er hier. Tapas Mukherjee ist verheiratet, hat drei erwachsene Söhne und einen Enkel. Das Fischrezept ist ein Lieblingsgericht der Familie.

Pasta mit Blattspinat und Rotbarschfilet
Für 4 Personen

400g Linguine
1 TK Blattspinat (oder frisch, dann erst waschen und blanchieren)
200g Rotbarschfilet (TK oder frisch), mehliert
Sahne und Creme Fraiche
Zwiebel, Knoblauch, Salz, Pfeffer
Weißwein zum ablöschen
Parmesan

Die Linguine (oder andere Pasta, je nach Geschmack) in reichlich gesalzenem Wasser bissfest kochen. Rotbarschfilet salzen, pfeffern und mehlieren (man kann ihn natürlich auch pur verwenden).

Zwiebel fein würfeln und in Olivenöl glasig braten. Den Knoblauch ebenfalls sehr fein hacken und dazu geben. Mit einem kleinen Schuß Weißwein ablöschen. Ca. 100ml Sahne dazu geben und mit 2 EL Creme Fraiche auf niederiger Temperatur einköcheln lassen (nicht kochen). Den aufgetauten und abgetropften Blattspinat dazu geben. Mit Salz und Pfeffer nach Geschmack würzen. Abschmecken und bei Bedarf nachwürzen.
Eine Pfanne erhitzen. Olivenöl heiß werden lassen und das Rotbarschfilet von beiden Seiten knusprig braten. Die Pasta auf einem großen tiefen Teller anrichten, Spinatsauce auftun und das Filet auf der Pasta anrichten. Mit frischem, grob gehobeltem Parmesan anrichten.

Guten Appetit wünscht Ihnen
Elisa Neumann

Elisa Neumann

Elisa Neumann kocht gerne – am liebsten Spaghettis und Suppen – für ihren Freund und ihre Familie. Die gelernte Medienberaterin genießt in ihrer Freizeit überwiegend ihre Wohnung. Dann trinkt sie einen leckeren Tee, hört dabei Radio und näht – am liebsten kuschelige Kissen. Dabei sind dann ihre beiden Katzen Polly und Rosa. Und wenn Elisa Neumann Urlaub macht, steht natürlich Sylt, die Lieblingsinsel der Familie, auch ganz oben auf der Liste der gebürtigen Bielefelderin.

Rotbarsch in Kartoffelkruste auf Linsen

Vier Portionen

4 Rotbarschschnitzel à 150 g Salz, Pfeffer
4 mittelgroße Kartoffeln, geschält und in feine Streifen geschnitten
Butter zum braten
50 g Linsen etwas Öl, 10 g Speckstreifen, je 10 g Zwiebeln, Lauch und Karotten (alles gewürfelt) 1 TL Tomatenmark
1 Messerspitze scharfer Senf, Balsamico-Essig, 2cl Portwein etwas Brühe oder
Geflügelfond und 2 EL kalte Butter

Die Linsen in Salzwasser etwa drei Minuten blanchieren und dann abgießen.
In Öl der Reihe nach Speck, Zwiebeln, Lauch und Karotten andünsten. Die Linsen, das Tomatenmark und alle übrigen Würzzutaten zufügen, mit Portwein ablöschen und gut einkochen.
Mit der Brühe oder dem Geflügelfond auffüllen und die Linsen nicht zu weich (al dente) kochen.
Zum Schluß alles mit der kalten Butter binden.
Die Rotbarschschnitzel leicht würzen und mit den Kartoffelstreifen belegen.
In Butter vorsichtig goldgelb anbraten, wenden und fertig garen.
Das Linsengemüse auf warme Teller verteilen und den Rotbarsch mit der "Kartoffelseite" nach oben darauf anrichten.

Guten Appetit wünscht Ihnen
Michael Neumann Chefkoch der Gaststätte

VAHLE

Michael Neumann ist Chef und Chefkoch von *Vahle*, der 140 Jahre alten Traditionsgaststätte im Bielefelder Westen. Der gebürtige Gütersloher, verheiratet und zwei erwachsene Kinder, lebt seit rund 35 Jahren in Bielefeld. Wenn er Zeit hat, genießt er Sylt und Segeln. Ansonsten lässt er sich mittags mal von Frau Elisabeth bekochen und isst – vor Beginn der abendlichen Öffnungszeiten – ganz gerne mal ein leckeres Stückchen Kuchen.

Pangasiusfilet mit Vollkornkruste

für 4 Personen

die Kruste: 2 EL Vollkornbrösel

30g weiche Butter, 1 BIO Zitrone

je 1TL Koriander- und Fenchelsamen

1 TL mittelscharfer Senf, 2EL gehack. Petersilie

Meersalz, frisch gemahlener Pfeffer

Koriander und Fenchel im Mörser zerstoßen

Zitronenschale abreiben ca. 1EL

Alle Zutaten mischen und würzen

ca. 750g Pangasiusfilet

Den Fisch portionieren und kurz anbraten

Nun mit der Paste bestreichen.

Ein Backblech mit einbuttern und den

Fisch drauf setzen.

den Ofen auf ca. 200°c vorheizen

für die Soße:
50g Zwiebelwürfel, 300g rote Paprikawürfel
1 Knobi Zehe gewürfelt, 50g Paprikamus (Ajvar)
100g Sahne, 1 TL Honig, Meersalz u. Pfeffer
Alle Zutaten in einen Topf mischen und
aufkochen, zugedeckt ca. 8 Min köcheln.

Den Fisch im Ofen ca. 6 Min überbacken
Die Soße pürieren, zum Fisch servieren

Als Beilage empfehle ich einen Kräuter-
Reis.
Weinempfehlung einen badischen
Weißburgunder Kabinett oder Spätlese

Guten Appetit!

R. Niegisch

Robert Niegisch ist Küchenchef im *Restaurant Sparrenburg*. Seit über 30 Jahren ist der gebürtige Bielefelder hier Herr der Töpfe und der besten Aussicht über die Stadt; davor arbeitete er dort unter elterlicher Regie. Robert Niegisch, verheiratet, Kinder und Enkelkinder, ist in seiner Freizeit ein begeisterter Golfer. 25 Jahre lang malträtiert er die weiße Kugel. Urlaub machen die Niegischs in Deutschland „wo ein Golfplatz in der Nähe ist".

Kabeljau - Klößchen

Zutaten
150 g Kabeljaufilet
4 Kartoffeln
Salz
1 Zwiebel
1 Bund Petersilie
2 EL Olivenöl
1/2 EL Butter
150 g Weizenmehl
125 ml Milch
2 Eier
Öl zum Braten

Zubereitung
Den Kabeljau gar dünsten und abkühlen lassen. Im Blitz-hacker pürieren.

Die Kartoffeln in Salzwasser kochen, pellen und mit der Gabel zerdrücken.

Zwiebel schälen und fein hacken.
Petersilie abbrausen, trockenschütteln
und fein hacken.
Zwiebel in Olivenöl glasig dünsten.
Petersilie zugeben, kurz mit dünsten.
Den pürierten Kabeljau zugeben, alles
gut mischen.
Aus Kartoffeln, Butter, Mehl, Milch
und Eiern einen Teig kneten. Mit der
Fischmasse gut vermischen.
Mit einem Löffel kleine Mengen ab-
stechen und in heißen Fett braten.
Mit Limetten anrichten. Dazu
passt ein gemischter Salat.

Guten Appetit!

Gisela Niehuisen

Gisela Niehuisen lebt seit 23 Jahren in Bielefeld – und das gerne. Sie arbeitet hier als Sekretärin, und in ihrer Freizeit ist sie „leidenschaftliche Boßlerin". Als Tochter eines Ostfriesen ist sie leicht für Fisch zu begeistern!

Thunfisch mit Sojasauce u. Honig

- 1 Ingwerwurzel
  5-6 cm
- 2 Frühlingszwiebeln
- 4 Thunfischscheiben
  à ca. 180g
- 2 EL Honig

- 4 EL Balsamico Essig
- 8 EL Sojasauce
- 6 EL helles Sesamöl
- 1 TL Chilipaste
- 1 TL gemahlenen Koriander
- Salz

Ingwer schälen u. reiben Frühlingszwiebeln waschen u. fein hacken.

Thunfischscheiben mit den gehackten Zwiebeln und dem Ingwer bestreuen. Aus Honig, Balsamico, Sojasauce, Sesamöl, Chilipaste und dem gemahlenen Koriander eine Marinade anrühren und über den Fisch gießen. Zugedeckt ca. 1 bis 2 Std. marinieren.

Den Fisch aus der Marinade nehmen u. etwas abtropfen lassen, dann in eine Pfanne geben u. von beiden Seiten scharf anbraten. Danach 5 bis 8 Min. garen. Den Thunfisch aus der Pfanne nehmen u. warmstellen. Die Marinade in die heiße Pfanne gießen, etwas reduzieren lassen und eventuell mit Salz abschmecken. Thunfischscheiben mit der Honig-Sojasauce übergießen.

Igo Nölke

Ingo Nölke ist Goldschmiedemeister und seit 1993 im elterlichen Betrieb. Er ist verheiratet, Arminiafan und seine Hobbys sind Geocaching und sein Beruf. Sechs Monate lang hat der gebürtige Bielefelder in Japan gelebt und gearbeitet – mit erfreulichen Auswirkungen: Er hat bei einem internationalen Perlenwettbewerb den fünften Platz erreicht und seine Liebe für Reis und Fisch entdeckt. Fast immer dabei: die Tibet-Terrier Dakini und Sharila.

Kaeng Som

Saure Currysuppe

Eine köstliche Suppe mit viel Gemüse. Der Fisch wird mit Gräten gegart, um den Geschmack zu intensivieren.

Für 4 Personen

- 1 ganzer Süßwasserfisch (400 g schwer), gesäubert und ausgenommen
- 1,25 l Wasser
- 50 g Salatgurke, geviertelt und längs in Scheiben geschnitten
- 50 g grüne Bohnen, in 5 cm lange Stücke geschnitten
- 50 g Wasserspinat, in 5 cm lange Stücke geschnitten
- 50 g Chinakohl oder Pak Choi, in 5 cm lange Stücke geschnitten
- 3 EL Tamarindensaft
- 2 EL Fischsauce
- 2 TL Limettensaft
- 1 TL Palmzucker

Chilipaste

- 8 getrocknete, rote Chillies, gehackt
- 50 g Schalotten, gehackt
- 1 EL gehackter Krachai
- 1 EL Salz
- 1/2 TL Garnelenpaste

Den Fisch in ca. 4 cm lange Stücke schneiden. 150 g in Wasser garen. Mit dem Schaumlöffel herausnehmen und abkühlen lassen (das Wasser weggießen). Alle Gräten entfernen, aber nicht die Haut.

Die Zutaten für die Chillipaste im Mörser oder Mixer pürieren. Gegarte Fischstücke untermischen und ebenfalls pürieren.

Die Fisch-Chilli-Paste in einen Topf oder Wok geben, in dem alle Zutaten Platz haben werden. 1.25 l Wasser hinzufügen und zum Kochen bringen.

Den restlichen Fisch dazugeben und 2 Minuten kochen, dann Gurke, Bohnen, Wasserspinat und Chinakohl hinzufügen.

Den Topfinhalt wieder zum Kochen bringen, die restlichen Zutaten dazugeben und 10 Minuten köcheln lassen.

Mit Reis, luftgetrocknetem Rindfleisch oder gesalzenem Trockenfisch und eingelegtem Gemüse servieren.

Andreas Nolting, verheiratet, Vater von zwei Mädchen, ist Hobbykoch aus Leidenschaft. Er liebt besonders die Thailändische Küche – wegen ihrer Einfachheit, ihrer Vielfalt und der schonenden Zubereitung. Und dass man die Gerichte nach persönlichen Vorlieben würzen kann, gefällt ihm gut: „Man muss nicht zwingend nach thailändischen Schärfekriterien kochen. Einfach mal ausprobieren!"

Schellfisch mit Senfsauce

Schellfisch: 1 kg Fisch.
Salz, Zitronensaft,
Suppengrün, 1½ l Wasser

Den Fisch in 4–5 Portionsstücke zerlegen, waschen, von beiden Seiten mit Salz einreiben und mit Zitronensaft beträufeln.
Dann bringt man das Wasser mit etwas Salz und Suppengrün zum Kochen, gibt den Fisch hinein und läßt ihn garziehen. (ca. 20 Minuten)

Senfsauce: 40 g Butter, 40 g Mehl, ½ l Brühe.
1½ Eßlöffel Senf
1 Eßlöffel Crème fraîche
Salz, Pfeffer, Essig,
1 Prise Zucker.

Die Butter erhitzen, das Mehl unter Rühren hinzugeben und anschwitzen lassen, bis es hellgelb ist.
Dann gießt man unter ständigem Rühren langsam die Brühe dazu. Die Sauce 10 Min. köcheln lassen, den Senf einrühren und mit Salz, Pfeffer, etwas Essig und 1 Prise Zucker abschmecken.
Crème fraîche darunterziehen!

Jürgen Oberschelp

Dr. Jürgen Oberschelp, Oberstudienrat im „Un"-Ruhestand. Seit über 40 Jahren ist der gebürtige Bielefelder eng mit dem *Bielefelder Kinderchor* verbunden: Anfangs noch mit seinem Vater Friedrich Oberschelp, dem Gründer des Chores; seit den 70er Jahren leitet er den Chor alleine. Mehr als 4000 Kinder haben in dieser Zeit im Chor gesungen und Konzertreisen in alle Welt gemacht. Jürgen Oberschelp, Ehemann und Vater von zwei erwachsenen Söhnen, findet Entspannung in der Musik, beim Lesen und ist großer Liebhaber der Natur.

Seelachs in Senfsoße
(4 Personen)

Zutaten:

4 Seelachsfilets a 150g
1 Stange Porree
2 Möhren
150 g Knollensellerie
100 ml trockenen Weißwein
20 g Butter
100 ml Gemüsebrühe
1 EL Creme fraiche
1 EL saure Sahne
1 EL mittelscharfer Senf
Saft 1 Zitrone
1 Prise Zucker
Salz, Pfeffer

Den Fisch waschen und mit Zitronensaft beträufeln, salzen und pfeffern.

Den Porree, die Möhren und den Sellerie nach dem Putzen und waschen ganz klein schneiden.

Butter in einem großen, flachen Topf erhitzen und das Gemüse ca. 2 Min andünsten. Mit Wein und Gemüsebrühe ablöschen.

Die Fischfilets auf das Gemüse legen und zugedeckt 10 Min dünsten.

Den Fisch aus dem Topf nehmen.

Creme fraiche mit saurer Sahne und dem Senf verrühren und zum Gemüse geben.

Die Soße abschmecken mit Salz, Pfeffer und Zucker.

Die Fischfilets auf dem Gemüse anrichten.

Es eignen sich als Beilage: Kartoffeln, aber auch Reis.

Guten Appetit
wünscht Ulla

Ursula „Ulla" Oehring kocht „so normal gerne", probiert aber sehr gerne neue Rezepte aus. Sie ist verheiratet und Mutter von zwei erwachsenen Kindern. Hauptberuflich arbeitet Ulla Oehring im kirchlichen Bereich. Ehrenamtlich engagiert sie sich in einem Sportverein, leitet dort die Mutter-und-Kind-Gruppe. In ihrer Freizeit macht sie Patchwork-Arbeiten und pflegt und genießt den heimischen Garten.

Miesmuscheln

250 gr Suppengemüse
(Lauch, Karotten, Sellerie,
Zwiebeln)
und 1 zerdrückte
Knoblauchzehe in 30 gr
Butter andünsten.
1 kg geputzte Miesmuscheln
hinzufügen plus 100ml
trockenen Weißwein. Topf
mit Deckel schließen
und 5 Minuten bei voller
Hitze aufkochen bis sich
die Muscheln ganz ge-
öffnet haben.
                    Richard Oetker

Richard Oetker ist gebürtiger Bielefelder, 1951 in Senne geboren. Der Manager ist verheiratet, hat zwei Kinder, genießt gutes Essen und gute Weine – und er ist Hobbykoch. Im Oetker-Konzern ist Richard Oetker Geschäftsführer für den Bereich Personal mit rund 7000 Mitarbeitern. Seit vielen Jahren schon engagiert er sich in der Opferschutz-Organisation *Weißer Ring*. Er gehört dem Vorstand an und arbeitet intensiv mit, um auf die Schicksale anderer aufmerksam zu machen und für den Verein zu werben. Oetker selbst wurde Opfer einer Entführung.

Thunfisch Tatar

4 Personen

200 gr. Thunfischfilet - frisch (!) ohne Haut + Gräten.

1   Schalotte, gewürfelt
1   Avocado, gewürfelt
2   EL Sojasauce
1   Limone
100 gr. Creme fraîche
    Petersilie, gehackt
    Forellenkaviar

Thunfisch klein schneiden und mit der gewürfelten Avocado und Schalotte mischen. Mit Sojasauce, Limone, Petersilie, Salz, Pfeffer und Chili abschmecken.

Anrichten: Metallring oder Kunststoffring (aus dem Baumarkt!) mit Öl ausreiben und zu 2/3 mit dem Tatar füllen. Dann Creme fraîche drauf und mit dem Forellenkaviar abschließen.
Ring entfernen und mit Salat servieren.

Guten Hunger wünscht

Ingo Oschmann müsste den Goldenen Leineweber bekommen. Bei jeder möglichen und unmöglichen Gelegenheit präsentiert der gebürtige Bielefelder in der Öffentlichkeit den Namen seiner Heimatstadt, in der er immer noch lebt. Dabei ist der Comedian, Kabarettist und Entertainer bundesweit unterwegs; steht auch als Moderator, Schauspieler und Theaterschauspieler auf der Bühne. Er ist Gast in vielen TV-Sendungen und hatte eine eigene Show. Seine Hobbys: Kochen, Bücher schreiben und Baden: „Am liebsten alle drei Dinge gleichzeitig."

Grünes Fischragout:
Zutaten für 4 Personen

je 250 g Goldbarsch-Kabeljau-See=
lachsfilet
1/2 Zitrone; 3 Bund Petersilie; 1 Teel.
Salz; 1/2 Teel. weißer Pfeffer
1/2 Teel. Gustaut-Brühe; 2 Eßl. Öl.
2 Stangen Lauch; 2 Zwiebeln; 1 rote
Paprika; etwas Bratfett (od. Butter).
2 gestr. Eßl. Mehl; 1/4 l Wasser;
1/4 l Milch
1 Tasse Champignonscheiben; 2
Eigelb; 1/2 Tasse Sahne

Vorbereitung: 15 Min
Marinierzeit : 2 Std
Garzeit : 15 Min

Das wird vorbereitet:
Die Filets kalt abspülen - dann
in z 2 cm dicke Würfel schneiden
u. in eine Schüssel legen.
Zitrone auspressen. Petersilie
waschen, trocknen, kleinschneiden

Salz, Pfeffer Zitronensaft Petersilie
u. Fleischbrühe (Gustaut) mit d.
Öl vermischen u. über die Fisch=

würfel geben - 2 Stunden so
marinieren lassen.
Lauch putzen, waschen - in Scheiben
schneiden, Zwiebeln schälen u.
würfeln; Paprika ebenso.
So wird's gemacht:
Bratfett im Topf auflösen Lauch
u. Zwiebeln 2 Min. unter Rühren
dünsten - mit d. Mehl bestäuben.
Mit Wasser aufgießen. Champignons,
Paprika u. Fischwürfel mit Marinade
zufügen. 7 Min. dünsten. Hitze ab=
stellen - damit nichts ansetzt.
Eigelbe mit Sahne verquirlen u.
vorsichtig unter alles heben - ab=
schmecken.
Das paßt dazu: Pellkartoffeln
oder körnig gekochter Reis
          Guten Appetit
          Ricarda Osthues

Ricarda Osthues ist seit 1973 mit einem „Ur"-Bielefelder verheiratet, einem Senner. Das Ehepaar hat drei Töchter, „auf die ich sehr stolz bin". Hauptberuflich arbeitet Ricarda Osthues als Rechtsanwältin „außerordentlich gerne"; außerdem sitzt sie im Rat der Stadt „schätze meine ehrenamtliche Tätigkeit ebenso". Auch wenn sie keine große Kochkünstlerin sei, würden sich alle Mitglieder der Familie auf das Essen zu Hause freuen. Jeder hat sein Lieblingsgericht.

Fischpfanne "Maus + Bär" (für 3-4 Pers)

Zutaten: ½ rote und ½ gelbe Paprika,
1 handvoll Tiefkühlerbsen,
1 Zwiebel, 2 Knoblauchzehen, ½ Zucchini,
1 Fleischtomate, 500 gr Frutti di mare (gefroren)
2 EL Kokos oder Olivenöl, 1/4 l Weißwein
1 Glas Hummerfond, Bratfischgewürz
200 g Feine Bandnudeln (Schüle Gold)

Vorbereitung: Paprika und Zucchini in Stücke
schneiden. Die Fleischtomate
aushöhlen und in kleine Stücke schneiden
Zwiebel und Knoblauch schneiden und hacken.
– Einen Topf für die Nudeln mit Salz z. Kochen bringen.

Zubereitung: Zwiebeln, Knoblauch im Öl i.d. Pfanne
goldgelb dünsten, Paprika zugeben,
kurz mitdünsten, mit Weißwein ablöschen
und reduzieren.
(Inzwischen die Nudeln im Salzwasser kochen ...)
Frutti di mare (gefroren) in die Pfanne zugeben
und einköcheln lassen. Hummerfond angießen.
Würzen mit Pfeffer, Salz und Bratfischgewürz.
Zucchini, Tomate und Erbsen zugeben.
Flüssigkeit weiter einreduzieren!
Die Nudeln abgießen, in die Pfanne hinzugeben
und untermischen. Kurz erhitzen und abschmecken!
Auf großen Pastatellern mit trockenem Weißwein servieren.
Guten Appetit

Irene und Werner Pfeil

Ob Irene und Werner Pfeil „Maus + Bär" sind, ist unklar. Klar ist auf jeden Fall, dass sie die Fischpfanne
in einem gemütlichen Lokal auf Mallorca gegessen haben und ganz begeistert waren. Zu Hause haben sie dann versucht,
das Rezept nachzukochen. „Wir fanden, es ist uns gelungen". Deshalb empfehlen sie diese Rezept weiter, vor allen
Dingen auch, weil es an trüben und grauen Tagen ganz viel Sonne ins Haus bringe.

Thunfischsalat

Zutaten für 2 Personen:
- 1 Dose Thunfisch im eigenen Saft (150g.)
- 1 Rote Zwiebel - mittelgroß, gehackt
- 1 Tasse klein geschnittenen Staudensellerie
- 8-10 grüne oder schwarze Oliven-klein schneiden
- 4 Esslöffel Mayonaisse oder eine Vinaigrette
  Sauce aus Olivenöl, Zitronensaft, Salz und Pfeffer.
- 1 Gekochtes Ei
- Einige Blätter vom Eisbergsalat

Zubereitung:
Den abgetropften Thunfisch zusammen mit Zwiebel, Staudensellerie und Oliven in eine Schüssel geben. Die Mayonaisse oder die Vinaigrette untermischen und abschmecken. Im Kühlschrank eine Stunde ziehen lassen. Auf Eisbergsalatblätter servieren, mit Ei dekorieren.

„Einfach aber köstlich," besonders an heißen Tagen.

John Pflieger

John Pflieger, gebürtiger US-Amerikaner, lebt schon lange in Bielefeld. Er ist hier verheiratet und vielen Bielefeldern gut bekannt. Als Opernsänger an den Städtischen Bühnen verkörperte er verschiedene Partien im Baritonfach. Besondere Beachtungen fanden auch seine italienischen Rollen aus den Opern von Donizetti, Puccini und Verdi. John Pflieger reist gerne, kocht gut und arbeitet noch als „freischaffender" Opernsänger. Außerdem arbeitet er an der Bielefelder Uni als Lehrbeauftragter.

Überbackene Lachsfilets

Wir brauchen:

- 10 Lachsfilets (auch tiefgefroren geht)
- 10 Scheiben Räucherlachs
- 250g Schinkenspeck
- 2 Zwiebeln
- 400g Creme fraiche / Schmand
- 200g Butter
-     fein gehackter Dill und
      fein gehackte Petersilie,
      Pfeffer

Los gehts:

Lachsfilets (tiefgefrorene auftauen
lassen) waschen und trocken tupfen.
Jedes Filet mit einer Scheibe Räucher
lachs um wickeln. Die Filets in eine
gefettete Auflaufform geben.

137

Nun Schinkenspeck und Zwiebeln
würfeln. Zusammen mit Creme
fraiche / oder Schmand, der Butter
und etwas Pfeffer pürieren.
Anschließend Dill und Petersilie
zugeben.
Die Creme über die Lachsfilets geben
und dann für 15 Min. bei 200°C
in den Ofen!

Dazu Pellkartoffeln und Salat
servieren!

Rita Porceddu

Rita Porceddu – Bielefelderin mit italienischen Wurzeln – ist Verwaltungsangestellte und „hat", wie ihre Kollegen sagen, „das Herz auf dem rechten Fleck". Auch das Kochen macht sie mit Herz „vielleicht nicht so gut wie ich will, aber immer mit viel Liebe".

Gefüllte Seezungenröllchen in Weißweinsoße

Zutaten: 8 Seezungenfilets
Zitronensaft
Krabbencreme
Dill, Salz, Pfeffer, Butter, Weißwein, Sahne
Eigelb und Schalotten.

Die Seezungenfilets abwaschen und mit Zitronensaft beträufeln.
Die Filets auf der Bauchseite mit Krabbencreme einstreichen
und mit gehacktem Dill bestreuen. Jetzt Krabbenfleisch
darauf verteilen und mit Salz und Pfeffer würzen.
Filets aufrollen und mit einem Zahnstocher zusammen-
halten.
Fein gehackte Schalotten in einer Pfanne anschwitzen und mit
trockenem Weißwein ablöschen.
Eine Auflaufform mit Butter ausstreichen, Seezungenröllchen
hineinsetzen, Schalotten hinzugeben und mit Weißwein auffüllen.
Die Röllchen nun im Backofen bei ca. 200 Grad etwa 15 min.
garen. Jetzt die Röllchen herausnehmen und warm
stellen. 3-4 Eigelb mit ca 400 ml. Sahne verrühren und
in den Weinsud einrühren. Den Sud <u>nicht kochen</u>
lassen, sondern nur sieden. Mit Salz, Pfeffer und
Zitronensaft abschmecken und dann die Röllchen
noch einmal 2 bis 3 min. in der Soße ziehen lassen.
Nun die Röllchen mit Basmatireis und einem
Kopfsalat servieren.

Oliver Prehn

Oliver Prehn ist KiK – Koch im Knast! Den gebürtigen Sauerländer hat's mit dem ersten Lebensjahr nach Augustdorf
verschlagen. Von da an hat er seine Kreise überwiegend in Ostwestfalen gezogen: mit 15 Jahren Kochlehre in Detmold;
mit 22 Jahren Bundeswehr in Augustdorf; mit 32 Justiz. Heute ist Oliver Prehn Küchenleiter in der *JVA Senne*. Der Ehemann und Vater zweier Söhne ist leidenschaftlicher Arminenfan, macht gerne Städte-Kurz-Reisen und isst liebend gerne
Fisch – und das in allen Variationen.

Matjessalat mit Gurke

8 küchenfertige Matjes
1 kleine Salatgurke
2 kleine Zwiebeln
200 g Kirschtomaten
1 Bund glatte Petersilie
2 EL Öl, 1 TL Senf
200 g saure Sahne
3 EL Weißwein-Essig
Salz und weißer Pfeffer

Zubereitung:
Die Matjesfilets quer in 1 cm breite Streifen schneiden.
Gurke schälen, längs halbieren, die Kerne mit einem Löffel
herausschaben und die Hälften in schmale Ringe schneiden.
Geschälte Zwiebeln in kleine Ringe schneiden. Beides zu den
Matjes geben. Die Tomaten und Petersilie waschen, Tomaten
vierteln, Petersilie nur die Blättchen verwenden und grob
hacken.
Aus Öl, Senf, saurer Sahne und Weißwein-Essig eine Soße
rühren. Mit Salz und Pfeffer abschmecken, über die Matjes
gießen und gut mischen.
Zugedeckt 10 Minuten ziehen lassen.
Vor dem Servieren die Kirschtomaten unterheben und die
Petersilie einstreuen.

Beilage: Pellkartoffeln oder Bauernbrot mit Butter.

Tipp: Dieser schöne Salat schmeckt auch gut zum
"Katerfrühstück"

Guten Appetit wünscht

Heidemarie Rabe ist eine pfiffige Frau! Sie ist eine Bielefelder-Kochbuch-Rezeptgeberin – und Nachkocherin. „Da ich
begeistert aus Ihrem ersten Bielefelder Kochbuch nachkoche und auch sonst gerne koche, möchte ich mit dem
‚Matjessalat und Gurke' bewerben". Ist doch klar wie Kloßbrühe, dass das Rezept jetzt hier steht. Außerdem ist
Heidemarie Rabe auch noch Kochlehrerin. Und dass sie in Steinhagen wohnt? Macht nix – sie hat Bielefelder Wurzeln.

Rochen auf Gemüsebett

Zutaten: pro Person 1 kleiner Rochen (Ø ca. 25 cm) salzige Butter, Brokkoli, Tomaten, Kapern, Knoblauch, 1 kleine Zwiebel, Gemüsebrühe, unbehandelte Zitrone.

Fische gut reinigen, in Gemüsebrühe mit Kapern ca. 2 Minuten dünsten; dann Fische 10 Minuten ziehen lassen.

Gemüse separat zubereiten: Knoblauch und Zwiebel in Butter anbraten, Tomatenfruchtfleisch und Brokkoliröschen hinzufügen; mit wenig Gemüsebrühe ca. 5 Minuten köcheln lassen.

Die Rochen auf Gemüse legen und ca. 5 Minuten dünsten.

Mit ganz abgeriebener Zitronenschale bestreuen.

Dazu Reis und trockenen Weißwein.

Otthein Rammstedt

Prof. Dr. Otthein Rammstedt ist international bekannter Soziologe; Präsident der *Georg Simmel Gesellschaft*; Autor und Herausgeber mehrerer soziologischer Werke, u. a. „Lexikon zur Soziologie". Seit 1968 lebt und arbeitet der Ehemann und Vater zweier Kinder in Bielefeld. Das „Urgestein der Bielefelder Uni" liebt das gute Essen der Bretagne und den Boule-Sport.

Sogliola alla parmigiana - eine Vorspeise
für 4 Personen aus Marina di Bibona/Toscana.
4 mittelgroße Seezungenfilets
2 rote + 2 gelbe Paprika, 2 feste Tomaten, Frühlingszwiebeln, 1 große Möhre, 4×2cl trockener
Weißwein, salz+Pfeffer, 250g Butter, frischer
Parmesan, 4 30×30cm große Stücke Alufolie.

Seezungenfilets leicht salzen und pfeffern, in
die Mitte der Folie legen; Ränder hochfalten.
Alle Gemüse putzen, entkernen, sehr klein
würfeln. Möhre reiben.
Gemüse rund um die Filets verteilen und
mit 2cc Weißwein übergießen.
Folie zusammenfalten und fest verschließen.
Im Backofen bei 200°C 12 Minuten garen.

Butter zerlassen und Parmesan frisch reiben.
Seezungen in der Folie servieren, am
Platz öffnen, mit Butter übergießen und
mit Parmesan bestreuen.
Dazu frisches Baguette und ein trockener
Weißwein.

Peter Rausch ist Kämpfer und Macher! Er ist erster Vorsitzender des *Freibadvereins Brackwede*; er ist Gründer der *Initiative Naturbad Brackwede*; er ist Veranstalter der Konzertreihe „Picknick trifft Klassik" im Freibad Brackwede. Zudem unterrichtet der Oberstudienrat Biologie, Chemie und Sport in der *Gesamtschule Brackwede*. Und er scheint auch noch hervorragend kochen zu können! Seit 1974 lebt der gebürtige „Speyererer" in Bielefeld, ist hier verheiratet und hat drei Söhne. Und er ist Tauchlehrer.

Hanne's eingelegte Matjes

Zutaten für 4 Personen
Ca 600 gr Matjesfilet
2 Becher saure Sahne
2 Becher Natur-Joghurt
1 mittelgroßer Apfel
1 mittelgroße Zwiebel
1/2-1 Glas saure Gürkchen
Pfeffer gemahlen

Matjesfilets ca 2 Stunden wässern
Saure Sahne, Joghurt u. Pfeffer mit dem
Schneebesen glattrühren. Apfel, Zwiebel u.
Gürkchen hineinhobeln u. vermengen.
Matjes in mundgerechte Stücke schneiden
und untermengen.
Gut abdecken und 2 Tage im Kühl-
schrank ziehen lassen. Nochmals durch-
frischen.
Dazu schmecken sowohl Pellkartoffeln als
auch Bratkartoffeln.

Dieses Rezept verleihte Schneider und Ihren
gleichermaßen

Ute Raute-Kreinsen

Prof. Dr. Ute Raute-Kreinsen ist Ärztliche Direktorin der *Städtischen Kliniken Mitte und Rosenhöhe*. Die gebürtige Schwarzwälderin, Tochter eines Ostfriesen und einer Schlesierin, ist Pathologin. Neben ihrem medizinischen Alltag im „Stammhaus" arbeitet sie auch für andere Krankenhäuser, hält Vorlesungen, macht Fortbildungsveranstaltungen und initiiert besondere soziale Projekte. In ihrer Freizeit hat die Mutter eines erwachsenen Sohnes ihren Angelschein, ihren Jagdschein und ihren Segelschein gemacht. Kochen ist nicht so ihr Ding.

Kürbissuppe auf Rotbarsch

Zutaten (für 4 Personen):
ca. 1 kg Kürbis (Hokkaido),
20 g Butter, kl. Zwiebel,
4 EL Orangensaft,
750 ml Gemüsebrühe,
200 ml Sahne, Salz
Cayennepfeffer, Schnittlauch;
250 g Porree, 250 g Rotbarschfilet, Zitrone und Öl

Zubereitung:
Kürbis vierteln, schälen, entkernen und grob
würfeln. Die Butter in einem Topf bei mittlerer
Hitze schmelzen, die kleingeschnittene Zwiebel und
das Kürbisfleisch darin andünsten, mit Gemüsebrühe und Orangensaft auffüllen und 12 Min.
ohne Deckel garen. Nach 6 Min. die Sahne dazugeben. Die Suppe mit dem Pürierstab pürier-
en, mit Salz und Cayennepfeffer würzen.
Porree in sehr feine Scheiben schneiden, waschen
und blanchieren. Fisch waschen und abtrocknen,
in große Würfel schneiden und mit Zitronensaft
säuern. Salzen und in heißem Öl ca. 6-8 Min.
braten. Porree und Fisch auf vorgewärmten Suppen-
tellern anrichten, mit Suppe übergießen und mit
feingeschnittenem Schnittlauch garnieren.
  Guten Appetit!   Klaus Rees

Klaus Rees, geborener Pfälzer, wegen des Studiums 1979 nach Bielefeld gekommen – wegen der Liebe geblieben. Der Diplom-Soziologe und Diplom-Kaufmann ist verheiratet, hat zwei Kinder und kocht leidenschaftlich gerne – wenn's die Zeit erlaubt. Hauptberuflich ist Klaus Rees Geschäftsführer der Grünen Ratsfraktion in Bielefeld. Der begeisterte Hermannsläufer (sechs mal) und Marathonläufer (sieben mal) liest gerne und fährt gerne Rad.

Frischer Thunfisch
mit feuriger Sauce
dazu Glasnudeln natur

1 große Scheibe (ca. 500 g)
Thunfisch in Sushi-Qualität

Thunfisch auf beiden Seiten 30 Sekunden scharf
anbraten, in daumenbreite Streifen schneiden und
auf vier Tellern anrichten

Sauce
1 Glas Weißwein, 1 EL Honig, 1 EL Olivenöl
Salz und Pfeffer
1 - 2 Chilly-Schoten gestoßen
2 kleine Frühlingszwiebeln fein gehackt
1 Knoblauchzehe gepresst
1 kleine Ingwerwurzel
geschält und gerieben
3 - 4 EL Balsamico-Essig
Zitronensaft nach Geschmack

Aus den Zutaten eine kräftige Sauce bereiten, ca. 15
Minuten einkochen lassen, evtl. mit etwas Weißwein
ablöschen und gleichmäßig auf dem Thunfisch verteilen.

Dazu Glasnudel (ca. 500 g)
und einen Silvaner aus Franken.

Der Fisch kann als Vorspeise oder als Zwischengang
serviert werden.
Das Rezept reicht für 4 Personen.

Gerlind B. Rehkopf, Hobbyköchin und Gastgeberin aus Leidenschaft, ist geschäftsführende Gesellschafterin der Firma *Poggemeier, Hotel- und Gaststättenbedarf*. Sie ist leidenschaftliche Motorradfahrerin, Liebhaberin klassischer Musik und historischer sowie moderner Fahrzeuge, die sie hingebungsvoll pflegt und bewegt.

Doraden mit Tomaten im Backofen
(für 2 Personen)

2 mittelgroße Doraden
ca. 1 kg Tomaten
2 kleine Zwiebeln
1 Bund große Blattpetersilie
½–1 Glas Bruschetta alla Arrabiata
    von Gourmet Leon (gibt es u.a.
    bei Jacques' Wein-Depot)
1 Zitrone
Salz und Pfeffer
Olivenöl
Knoblauch

Die Tomaten und Zwiebeln in kleine
Würfel schneiden. Die Petersilie waschen
und klein schneiden oder rupfen. Nach
Geschmack Knoblauch dazugeben und
alles mit dem Saft der einen Hälfte
der Zitrone und Olivenöl vermischen
und mit Salz und Pfeffer würzen.

Dann die Doraden unter kaltem Wasser abspülen und abtrocknen. Mit einem scharfen Messer auf jede Seite drei tiefe Schnitte parallel zu den Kiemen setzen. Mit dem Saft der verbliebenen Hälfte der Zitrone werden die Doraden innen, außen und in den Einschnitten gesäuert. Die Doraden sollten dann noch einmal von außen mit Olivenöl eingestrichen werden, danach salzen. In die Einschnitte und in das Innere wird dann "ordentlich" Bruschetta gegeben.

Jetzt werden die Doraden auf ein Backblech gelegt und mit den vermengten Tomaten gefüllt. Die restlichen Tomaten werden auf dem Backblech verteilt. Auf die restlichen Tomaten kann man je nach Geschmack auch noch Bruschetta verteilen.
Und schon kann das Ganze in den mit 200°C vorgeheizten Backofen. Nach ca. 30 Minuten sind die Doraden dann fertig.
Guten Appetit. Gudrun Rehm

Dazu passen Backofenkartoffeln oder Baguette

Gudrun Rehm arbeitet in der *Universität Bielefeld* als Sekretärin im Büro des Kanzlers. Sie ist verheiratet, hat zwei Kinder und einen kleinen, feinen Zoo: Hund, Katze, Kaninchen und 20 Fische. Apropos Fische: Gudrun Rehm kocht gerne „aus dem Meer" – und ist oft auf Tour mit ihrer Familie.

Zanderfilet mit Speckbohnen

Pro Person ein Zanderfilet nehmen,
abtupfen und in Mehl wenden. In
in der Pfanne goldbraun anbraten,
salzen und pfeffern.
Grüne Bohnen kochen, bis sie bissfest
sind, durchwachsenen Speck anbraten
und mit den fertigen Bohnen mischen.
Dazu passen Salzkartoffeln mit etwas
zerlassener Butter. Mit gehackter Petersilie und Zitronenscheiben anrichten.
Guten Appetit!

Gerhard Renda

Dr. Gerhard Renda ist stellvertretender Leiter des *Historischen Museums*, verheiratet und hat eine Tochter. Seit 1990 lebt und arbeitet der Kunsthistoriker in Bielefeld. Der Freund schöner Bücher und – natürlich Kunst, macht in seinem Urlaub gerne Reisen in sein Lieblingsland Italien oder wandert in süddeutschen Gefilden. Gerhard Renda mag gutes Essen; Fisch ist allerdings nicht so sein Ding, „weil ich eine Abneigung gegen Gräten habe". Deshalb also das feine Zanderfilet.

Lachsfilet mit Roten Beten

- Lachsfilet waschen, trocken tupfen, leicht salzen und pfeffern
- in eine gefettete Auflaufform geben
- flüssige Sahne, Creme fraîche und Sahnemeerrettich zu einer Soße verquirlen, mit Salz und Pfeffer abschmecken und über den Fisch geben
- klein geschnittenen Rucola darüber streuen
- im vorgeheizten Backofen bei 180° - 190° auf mittlerer Schiene 15 Minuten backen.

Den Salat kann man schon vorher zubereiten und ziehen lassen:
- geschälte und gedünstete Rote Bete in Scheiben oder Würfel schneiden, salzen und pfeffern, mit Öl und Balsamicoessig beträufeln, nach Geschmack auch etwas Zucker hinzugeben.
- vor dem Servieren etwas Rucola darüber streuen.
Dazu passen Pellkartoffeln oder Reis.
Guten Appetit! Beste Rennen. Allhoff

Prof. Dr. Beate Rennen-Allhoff ist seit 2001 Rektorin der *Fachhochschule Bielefeld*. Davor war die Ehefrau und Mutter zweier Kinder Gründungsdekanin des Fachbereichs Pflege und Gesundheit an der FH. Die gebürtige Kölnerin hat Psychologie und Pädagogik studiert und auch in diesen Fächern promoviert und habilitiert. Sie war lange Zeit außerhalb der Hochschule im Bildungs- und Gesundheitsbereich tätig. Außerdem lehrte sie an den Universitäten Köln, Marburg und Freiburg. Sie behauptet von sich, keine große Kochkünstlerin zu sein, aber Fischliebhaberin.

Lieblings Labskaus

800 g Rindfleisch (gepökelte Hohe Rippe)
1 Lorbeerblatt
4 Körner Pfeffer
1 kg Kartoffeln
4 Zwiebeln
1 El. Schweineschmalz
1 Glas Gewürzgurken
1 Glas Rote Bete
3 Fischfilets (am Besten nimmt man Matjesfilets)
   Pfeffer
4 Eier
4 Rollmöpse
   Petersilie
2 El. Butter

Zubereitung:

Fleisch waschen, in einen Topf geben und so viel Wasser angießen,
dass das Fleisch gerade bedeckt ist. Lorbeerblatt und Pfefferkörner zufügen,
aufkochen. Bei schwacher Hitze zugedeckt ca. 1 1/2 Std. garen.
Kartoffeln waschen und in kochendem Wasser 20-25 Min. garen.
Abgießen, etwas abkühlen lassen, pellen und noch heiß durch eine
Kartoffelpresse drücken.
Zwiebeln schälen und durch die grobe Scheibe des Fleischwolfs drehen.
Schmalz in einer Pfanne erhitzen. Zwiebeln darin glasig dünsten.
Gewürzgurke und Rote Bete abtropfen lassen.
Fleisch aus der Brühe nehmen. Fleisch, 6 Gewürzgurken, Matjes und die Rote
Bete durch den Fleischwolf drehen. Mit den Zwiebeln unter die Kartoffeln rüh-
ren. Sollte die Masse zu fest sein, etwas von der heißen Fleischbrühe unterrüh-
ren. Mit Pfeffer abschmecken.
Fett in einer Pfanne erhitzen und die Eier darin zu Spiegeleiern braten.
Mit Pfeffer bestreuen.
Labskaus mit je 1 Spiegelei und 1 Rollmops auf Tellern anschichten.
Mit übrigen Gewürzgurken und Petersilie garnieren.

Sieht nicht so gut aus – schmeckt aber Spitze!

Drahre Retsük

Drahre Retsük ist Hobbykoch, leidenschaftlicher Esser und Genießer vieler Freuden den Lebens. Der Vater mehrerer Kinder
– inzwischen auch Oppa einiger Enkelkinder – kocht selber gerne „Zusammengerührtes, Unbekanntes und Gemischtes".
Nach dem Motto „Es muss nicht gut aussehen – nur gut schmecken" ist auch das Rezept fü dieses Buch entstanden.

Zutaten: 3 große Möhren / 2 Zwiebeln
250g Mehl / 2 Eier / ½ l Milch
Salz / Curry

Falscher Goldfisch

Möhren in halbierte Scheiben schneiden,
Zwiebelringe halbieren. Beides in einer
Pfanne in Öl anbraten. mit etwas
Salz und Curry.

Mehl, Salz, Eier und Milch verquirlen,
Teig in heißem Öl von beiden Seiten
gold-gelb braten. Etwas abkühlen
lassen. Den Pfannekuchen nun mit
einer Lebensmittelschere auf Goldfisch-
form zurechtschneiden.
Die Möhren- und Zwiebelstücke auf
den "Fisch" so garnieren, dass sie
sich in einem Gemüseschuppenkleid
zusammenfügen. Die mit paprika gefüllte Olivenscheibe rundet als Auge
das Gesamtbild ab.
Eine abschließende Prise Curry läßt
den falschen Goldfisch noch
                    goldiger wirken.

P.S.: Geben Sie sich Mühe beim Dekorieren,
das Auge isst mit.

Jürgen Rittershaus ist Schauspieler, Kabarettist und Freier Mitarbeiter bei *Radio Bielefeld*. Seit 30 Jahren arbeitet er im Bereich Kinder- und Jugendtheater; ist Gründungsmitglied des *Trotz Alledem Theaters*. Er hat diverse Theaterstücke entwickelt und produziert – auch als Hörspielfassung. Und er hat verschiedene Theatermusiken komponiert. Seit 1992 macht er auch Kabarett, unter anderem auch als Bielefelds bekanntester Hausmeister Heinz Flottmann! Rittershaus ist für sein Programm ausgezeichnet worden: 1997 war er Gewinner des NW Kleinkunstpreises.

Muscheln vom Blech

Muscheln in kaltem Wasser waschen und vorerst kaltstellen.

Möhren schälen, in grobe Würfel schneiden; Zwiebeln und Knoblauch würfeln, Äpfel vierteln, entkernen und ebenfalls in Würfel schneiden.

Möhren, Zwiebeln und Knoblauch mit Küchenmaschine hexeln. Porree würfeln und dazugeben.

Butter erhitzen; Gemüse und Knoblauch bei mittlerer Hitze unter Rühren farblos dünsten.

Apfelstücke, Curry und Cidre dazugeben, Salz und Pfeffer und dann 4 bis 5 Minuten kochen.

Muscheln auf ein Blech verteilen, den Sud darüber geben, mit etwas Öl beträufeln und alles in Ofen bei 200°C garen.

Petersilie dazugeben und untermischen und alles in einer großen Schüssel servieren.

Beilage: Knoblauch-Käse-Baguette

Das Baguette längs halbieren und jeweils in der Mitte durchschneiden. Mit Öl beträufeln und bei 180° C im Backofen kurz vorgaren. Dann mit gepelltem Knoblauch einreiben, den Pecorino dünn darüber hobeln und alles nochmal bei Oberhitze im Backofen gratinieren bis der Käse geschmolzen i. A.
Noch warm zu den Muscheln servieren.

Zutaten: 2,5 kg Muscheln, 3 große Möhren, 300 g Porree, 1 rote Zwiebel, 2 Knoblauchzehen, 1 Apfel, 50 g Butter, 350 ml Cidre brut, 2 TL Curry-Pulver, Salz, 2 EL Öl, schwarzer Pfeffer, 2 EL gehackte Petersilie

Zutaten: 1 Baguette, 2 EL Olivenöl, 1-2 Knoblauchzehen, Pecorino

Guten Appetit wünscht
Klaus Rogalski

Klaus Rogalski arbeitet seit rund 30 Jahren bei der *BGW – Bielefelder Gemeinnützige Wohnungsgesellschaft mbH –* und ist zuständig für die Bereiche Finanzen und Verkauf. Seit fünf Jahren hat der Familienvater von zwei Kindern sein Hobby gewechselt: früher hat er liebend gern geraucht – jetzt ist er leidenschaftlicher Koch. Klaus Rogalski wohnt in Enger („im Speckgürtel Bielefelds") und spielt in seiner Freizeit gerne Tennis.

Lachsfilet in Sahnesoße

5 Schalotten würfeln und in
Butter glasig dünsten. Mit etwas
Weißwein angießen und dann mit
ca. 200 ml Gemüsebrühe auffüllen. Aufkochen.
4 tiefgekühlte Lachsfilets (2 Packungen à 250 gr.) in
der Brühe dünsten bis sie aufgetaut sind.
Filets herausnehmen und warm halten.
Brühe noch weiter einkochen und dann
½ Becher Schlagsahne und
1 Becher Kräuter Crème fraîche unterrühren,
gegebenenfalls etwas andicken.
Mit Salz und Zitronensaft abschmecken und
1 Packung (25 gr.) tiefgefrorenes Basilikum dazugeben.
Fischfilets wieder dazugeben und etwas
zerkleinern.
Dazu (Basmati-) Reis und Salat.

Gerald Rübsam ist Oberstaatsanwalt in Bielefeld. Aufgewachsen in Neukirch im Knüllgebirge kam der Hesse 1979 zum Jura-Studium nach Bielefeld. Seitdem wohnt er mit Frau und zwei Kindern hier. Eine ungewöhnliche Fischzubereitung habe er letztmalig – vor langer Zeit – als Leiter einer Gruppe der Deutschen Waldjugend praktiziert: Forelle am Spieß. Ansonsten beschränken sich Gerald Rübsams Kochambitionen auf das Zubereiten von Tee. „Lachsfilet in Sahnesoße" ist ein geschätztes Familienessen – allerdings zubereitet von der Ehefrau.

FLOSSEN-BRÖTCHEN

ZUTATEN

1 BRÖTCHEN, 1 EL REMOULADE, 4 SCHEIBEN VOM NORWEGER GURKEN-SALAT, 1 BRATHERING. GEMÜSEZWIEBEL, FELDSALAT, ROTE PAPRIKA

ZUBEREITUNG

BRÖTCHEN HALBIEREN UND MIT REMOU BESTREICHEN. DIE UNTERE HÄLFTE MIT GURKENSALATSCHEIBEN UND ETWAS FELD-SALAT BELEGEN. BRATHERING TROCKEN-TUPFEN UND AUF GURKEN UND SALAT LEGEN. GEMÜSEZWIEBEL IN SCHEIBEN SCHNEIDEN UND DEN BRATHERING DAMIT BELEGEN (NACH BELIEBEN). EINIGE DÜNNE STREIFEN ROTE PAPRIKA DARÜBER-DRAPPIEREN. OBERE HÄLFTE VOM BRÖTCHEN AUF DEN HERING LEGEN UND DRAUFDRÜCKEN.

Ralph Ruthe ist Cartoonist, Comiczeichner, Autor, Regisseur und Musiker. Der gebürtige Bielefelder machte nach dem Fachabitur eine Ausbildung zum Schriftsetzer und arbeitet als Texter: u. a. für Käptn Blaubär. Seit 2003 arbeitet der Hobbykoch schwerpunktmäßig an seinen Cartoonserien *Shit Happens!* und *Flossen*. Bereits zum dritten Mal hat er für *Shit Happens!* den Sondermann-Preis der Frankfurter Buchmesse in der Kategorie „Cartoon" bekommen.

Forellenfilet mit Papaya-Dressing

Sie benötigen für 4 Portionen:

4 geräucherte Forellenfilets

1 Papaya

200 ml Crème balance
2 TL Zucker
1 TL Salz
1 EL Balsamico Bianco
1 durchgepresste Knoblauchzehe
gemahlenen Pfeffer
} Dressing

150 g Blauschimmelkäse

Und so wird es gemacht:

1. Forellenfilets auf einer Platte anrichten.

2. Papaya schälen, entkernen, eine Hälfte in Scheiben schneiden und auf den Forellenfilets anrichten. Die andere Hälfte pürieren.

3. Für das Dressing alle Zutaten verrühren, Fruchtpüree unterrühren und abschmecken.

4. Etwas Papaya-Dressing auf den Forellen verteilen, Käse in Scheiben schneiden, darauf verteilen, mit etwas Dressing beträufeln, übriges Dressing dazureichen.

Guten Appetit
wünscht
Christine Sander

Christine Sander kocht gerne „einmal in der Woche gibt's Fisch" und backt gerne. Kein Wunder! Die gebürtige Bielefelderin arbeitet im Lebensmittelbereich eines großen Bielefelder Koch- und Backunternehmens. Sie reist gerne und liebt den Sport an der frischen Luft: Joggen und Wandern.

Fischragout

Zutaten:

2 kleine Möhren
1 kl. Stange Lauch
2 Stengel Staudensellerie
75 g Butter
1 Glas Fischfond 400 ml
400 g Lachsfilet
400 g Seeteufel
8 Riesengarnelen
1 Becher Sahne
Salz und Pfeffer
1 Msp Cayenne Pfeffer

Zubereitung

1. Die kleinen Gemüse-
würfel in der Hälfte
des Butter anrösten.
Fischfond dazu geben
und 20 Min ohne Deckel
köcheln lassen.
Fisch in ca 4 cm große
Stücke schneiden und
Garnelen aus der Schale
brechen, Darm entfer-
nen und waschen.
Alles im restlichen
Fett kurz anbraten
und zur Seite stellen.

2. Sahne zum einge-
kochten Fisch-Gemüse-
Fond geben, 15 Min ein-
kochen, ab und zu um-
rühren. Die eingekochte
Sauce mit Salz,
Cayenne- und weißem
Pfeffer abschmecken.
Zu letzt die Fischstücke
und Garnelen vorsich-
tig unter heben und
heiß werden lassen.
Nicht mehr kochen!
Dazu passt Wildreis
und Blattspinat.

Guten Appetit

Otto Sauer

Otto Sauer ist 1938 in Reutlingen geboren. Seit 49 Jahren ist er mit Frau Lilli verheiratet – „glücklich". Als Fischliebhaber genießt er immer wieder das von seiner Frau köstlich zubereitete Fischragout „Liebe geht auch durch den Magen". Seit rund 40 Jahren fühlen sich die Sauers – das Paar hat drei Kinder und einige Enkelkinder – in Bielefeld wohl. Von Beruf Ingenieur war Otto Sauer viele Jahre als Geschäftsführer hier tätig. Jetzt arbeitet er für die Bielefelder im Rat der Stadt.

Spaghetti mit Lachs-Porree-Sahnesosse

250 gr. Lachs
2-3 Stg. Porree
200 gr. Spaghetti
Öl und 1 Becher Sahne
Salz, Muskat, Petersilie

Kleingeschnittenen Porree in 2 Eßl. Öl kurz anbraten, würzen und mit Sahne aufgießen und dünsten.
Lachs säubern und salzen, anschließend auf den Porree legen und garziehen lassen.
Spaghetti wie gewohnt in einem Extra-Topf kochen.

Sobald Porree und Lachs gar sind, den Lachs aus dem Topf nehmen und in kleine Stücke schneiden – anschließend den Lachs mit Porree und Sahne vermischen.

Die Spaghetti abgießen und in einer großen Schüssel mit der Lachs-Porree-Sahnosose vermischen.

Fertig

Guten Appetit

Franz Schaible, gelernter Schlosser, Sozialarbeiter und Diplom-Soziologe ist Gründer der *Gesellschaft für Arbeits- und Berufsförderung GAB*. Daraus entwickelten sich zahlreiche weitere Gesellschaften mit vergleichbaren Tätigkeitsschwerpunkten an mittlerweile 50 Standorten in Deutschland. Franz Schaible hat auch die *Soziale Aktiengesellschaft* ins Leben gerufen und auch die Stiftung *Solidarität bei Arbeitslosigkeit und Armut*. In beiden Organisationen ist Schaible Geschäftsführer bzw. Vorstandsmitglied.

CREAMY KING PRAWNS
AUF EINEM NEST AUS GRÜNEN BANDNUDELN

DIE KING PRAWNS KURZ IN DER PFANNE MIT ÖL, KNOBLAUCH, SALZ + PFEFFER ANBRATEN. AUS DER PFANNE NEHMEN UND RUHEN LASSEN. CA. 9 SCHALOTTEN + 1 ROTE ZWIEBEL + KNOBLAUCH KLEIN HACKEN UND MIT MIT ZERSTOßENEN CHILISCHOTEN (GETROCKNET) ANSCHWITZEN. MIT TROCKENEM WEIßWEIN GROßZÜGIG ABLÖSCHEN. ENTKERNTE UND GEHÄUTETE TOMATEN (4-7 STCK.) ZUFÜHREN UND KÖCHELN LASSEN. DANACH 1½ BECHER SAHNE UND ⅔ DES INHALTS EINER PACKUNG MIT SAHNIGEM SCHMIERKÄSE UNTERRÜHREN. DANACH ORDENTLICH TOMATEN-MARK DAZU GEBEN.

WENN CREAMY KONSISTENZ ERREICHT IST, KING PRAWNS ZUFÜHREN, KURZ KÖCHELN LASSEN UND AUF EINEM NEST AUS GRÜNEN BANDNUDELN SERVIEREN!

DIESES GERICHT IST UNTER DIÄT-ASPEKTEN EINE NATURKATASTROPHE, ABER SOOOOO LECKER. WEINEMPFEHLUNG: PINOT GRIS

ENJOY YOUR MEAL :-)

JESSICA SCHEELE

Jessica „Jessie" Scheele, in Irland auf die Welt gekommen, lebt und arbeitet jetzt in Bielefeld. Sie isst gerne, auch schon mal leckere Kalorienbomben. Und um das halbwegs zu überstehen, trainiert sie – mehr oder weniger regelmäßig – in einem Fitnessstudio alles wieder ab. Ihr größtes Hobby „ist wohl das Organisieren" von privaten und beruflichen Veranstaltungen und „den Alltag meines Chefs". Jessie Scheele reist gerne – am liebsten in die Sonne.

Seezunge in Safransauce (4 Pers.)

4 Seezungenfilets
Saft einer ½ Zitrone
1 kleine Zwiebel
1 Salatgurke
2 EL Butter
1 Döschen Safran
125 ml Fischfond
2 EL Crème fraîche
Salz, weißer Pfeffer, evt. 1 Handvoll Kerbel

———·———

Den Fisch waschen, trockentupfen und mit ¾ des Zitronensaftes beträufeln. Salzen, pfeffern und beiseite stellen.

Die geschälte Zwiebel fein hacken. Die Gurke schälen, längs halbieren und entkernen. Das Gurkenfleisch in 1 cm große Würfel schneiden.

Die Butter in einem breiten Topf erhitzen. Zwiebel- und Gurkenstücke darin andünsten. Safran zugeben und unter rühren anschwitzen. Mit dem Fischfond ablöschen, Crème fraîche hineinrühren, salzen und pfeffern.

Aufkochen lassen und die Fischfilets in die kochende Sauce legen. Topf vom Herd nehmen und den Fisch darin zugedeckt 5-6 Minuten gar ziehen lassen.

Die Sauce mit Salz, Pfeffer und Zitronensaft abschmecken. Evt. Kerbel zugeben.

Dazu schmecken Reis, Brot, ...

Frank Schierhorn

Frank Schierhorn, in Bielefeld geboren, lebt und arbeitet hier „kannst ruhig schreiben – bei der *Sparkasse Bielefeld*".
Er ist verheiratet, hat eine Tochter und kocht ganz gerne für die Familie und mit Freunden.

160

Überbackene Seezunge

800 g. Seezungenfilets, 2 Eßl. Butter, 3 Schalotten, 8 Eßl. Semmelbrösel, 1 B. Petersilie, 300 g. Tomaten, 250 g. Mozzarella-Käse, Basilikumblättchen z. Garnieren.

Die Butter in einer feuerfesten Form erhitzen u. den Fisch kurz anbraten. In der Pfanne etwas Butter erhitzen u. die gehackten Schalotten darin glasig schwitzen. Die Semmelbrösel sowie die gehackte Petersilie dazugeben u. die Mischung auf dem Fisch verteilen. Die Tomaten in Scheiben schneiden den Mozzarella-Käse in Würfel schneiden u. beides abwechselnd auf den Fisch legen. Das Ganze in dem auf 200° vorgeheizten Backofen überbacken bis der Käse geschmolzen ist. Mit Basilikumblättchen garnieren

Margret Schierhorn
aus Gellershagen

Margret Schierhorn, gebürtige Bielefelderin, lebt seit ihrer Geburt immer im Bielefelder Westen. Die Mutter von zwei Kindern und Enkelkindern kocht liebend gerne für ihren Mann und die große Familie. „Eigentlich ziemlich vielseitig: mal deftig, mal etwas feiner". In ihrer Freizeit genießt die Gartenliebhaberin ihren Sport und die Reisen mit Ehemann Klaus – überwiegend auf ihre Lieblingsinsel Sylt.

Kräuterdorade

1 Dorade pro Person
1 Zitrone
Knoblauch
Salz
je ein Bund Dill, Petersilie (glatt), Schnittlauch
Olivenöl
Alufolie

Doraden gut waschen, Kopf + Flossen entfernen.
Mit Zitronensaft (1 Zitrone für 2 Doraden) säuern.
(ca. 30 Min.)
Doraden gut salzen, auf eine Alufolie legen,
den Bauch mit Kräuter füllen, die restlichen
Kräuter auf die Dorade legen. (jeweils 1/2 Bund
Kräuter pro Dorade) 2 Knoblauchzehen dazu.
Mit etwas Olivenöl beträufeln, gut ver-
schließen und 15. - 20 Min. bei 200° dünsten
(oder grillen in Alufolie)
Dazu passen kleine Pellkartoffeln, Rucola-
Salat + ein gut gekühlter weißer Sancerre.

Doro von Radio Bielefeld

Doro Schiweck arbeitet für *Radio Bielefeld* seit Gründung des Senders als Mediaberaterin. Das war ein Grund weshalb sie aus der Geburtsstadt Essen an den Teuto zog. Der Hauptgrund war allerdings ihr Partner Frank, mit dem sie immer noch Leben und Hobbys teilt: gerne und gut essen; auf den Weltmeeren segeln; in den Bergen wandern oder skifahren und im Schoppketal spazieren gehen. Die Mutter einer erwachsenen Tochter ist Chorsängerin in Schildesche, sie liest gerne, joggt regelmäßig und liebt Geselligkeit und Gäste.

"Thunfisch Alicante"

Das Rezept habe ich vor vielen Jahren von einer Freundin erhalten. Es steht daher seit langem auf unserem Speiseplan. Viel Spaß beim Durchprobieren!

Zutaten:
200 gr. Reis
2 Dosen Thunfisch
1 Zwiebel
2 Knoblauchzehen
je 1 rote u. grüne Paprikaschote
2 Zucchini (ca. 400 gr.)
½ Tasse Weißwein
Salz, Pfeffer

Zubereitung:
Reis in Salzwasser garen lassen. Öl oder Wasser aus den Thunfischdosen abtropfen lassen. Zwiebel u. Knoblauchzehen hacken. Paprika in Streifen schneiden, alles 10 Min. in Öl dünsten. Dann Wein u. die in Scheiben geschnittenen Zucchini zufügen. Gemüse gar dünsten, mit Salz u. Pfeffer abschmecken. Danach den Reis untermischen, den Thunfisch zerkleinern u. ebenfalls zufügen. Insgesamt noch 10 Min. ziehen lassen.
Ein grauer Burgunder paßt hervorragend zu diesem schnell zubereiteten Gericht. Viele Grüße aus Werther
Heike Schlüter

Heike Schlüter lebt mit ihrem Mann Dietmar in Werther. Beide arbeiten in Bielefeld, beide in der Stadtverwaltung. Das größte Hobby der gebürtigen Bielefelderin ist das Kochen – für Ehemann, Familie, Freund und Bekannte. Auf Platz zwei ihrer Hobbyliste steht das Reisen, am liebsten auf deutsche, mitteleuropäische und ferne Inseln. Und wenn sie zu Hause bleibt, kann auch ein gutes Buch sie begeistern – und „Thunfisch Alicante" mit Dietmar.

Schlesischer Kartoffelsalat mit Matjeshering

Zutaten:
- 2½ kg festkochende Kartoffeln
- ½ Ring Fleischwurst m. Knoblauch
- 1-2 Matjesheringsfilets
- ½ säuerlicher Apfel (Boskop)
- 1/2 Zwiebel
- 3 hartgekochte Eier
- 1 Glas Mayonnaise
- etwas Kräuteressig
- Salz, Pfeffer, Petersilie

Kartoffeln in der Schale kochen, pellen und über Nacht kalt stellen.

In Scheiben schneiden, klein geschnittene Fleischwurst, Matjesfilet, Zwiebel, sehr klein gewürfelten Apfel und in Scheiben geschnittene Eier hinzufügen. Mayonnaise drübergeben, das Glas mit etwas Kräuteressig ausspülen und über die Zutaten gießen.

Alles vermengen, mit Salz und Pfeffer abschmecken. Frische gehackte Petersilie drüber streuen. Noch einige Stunden durchziehen lassen.

Mit einem Stück heiße Fleischwurst gab es diesen Kartoffelsalat bei uns traditionell zu Weihnachten – es schmeckt aber auch sonst.

Guten Appetit   Barbara Schmidt

Barbara Schmidt, Ratsfrau der Linkspartei, ist seit August 2007 Sprecherin im Vorstand der Partei Die Linke/Bielefeld. Die gebürtige Bielefelderin ist verheiratet, hat drei Kinder, kocht gerne, aber bäckt noch lieber: „Berühmt ist mein schlesischer Streuselkuchen – aus der Heimat der Eltern." Außerdem liebt sie Handarbeiten: Sticken, Stricken, Korbflechten und Holzarbeiten. Barbara Schmidt arbeitet als freiberufliche Referentin und im Wahlkreisbüro einer Bundestagsabgeordneten der Linkspartei.

Rotbarschfilet in Tomatensoße

für 2 Personen

400 g Rotbarsch
Salz, Pfeffer
Zitronensaft
300 g Zucchini
300 g Tomaten
1 Knoblauchzehe
2 EL Butter
1 EL gemahlene Mandeln
2 EL Tomatenmark
200 ml Gemüsebrühe
50 g Creme fraiche
2 EL ger. Meerrettich
Dill

Tomaten und Zucchini kleinschneiden und mit Salz und Pfeffer würzen. Fisch mit Salz, Pfeffer und Zitronensaft würzen. Gemüse in eine flache Auflaufform geben, den Fisch darüber legen.
Butter zerlassen, Knoblauch dazugeben. Mandeln und Tomatenmark anschwitzen und mit Gemüsebrühe ablöschen. 5 Minuten einkochen lassen. Mit Salz, Pfeffer, Meerrettich und Creme fraiche abschmecken. Soße über den Fisch geben, Dill darüber streuen.

20 - 25 Minuten bei 200°C backen.

Dazu schmeckt Reis oder Baguette.

Viel Spaß!

Britta Schoen

Britta Schoen ist gebürtige Jöllenbeckerin und lebt auch jetzt – mit Mann und zwei kleinen Kindern – in Bielefelds Norden. Sie kocht ganz gerne im Wechsel mit ihrem Ehemann. Für Hobbys bleiben der halbtags berufstätigen Mutter nicht viel Zeit „im Moment sind einfach die Kinder am wichtigsten."

(Kohl mag ich...)

Holberger Spitz-Kohl-Eintopf

Für 4 Personen, weil es in größerem Kreis am besten schmeckt.

Zutaten: 1 Spitzkohl

50 g Dornburger Kartoffeln

40 g gute Butter

1 l Instant Gemüsebrühe

200 g Rotbarschfilet

Salz - Curry - Sojasauce

1 Kästchen Kresse

Und nun ans Werk:

Leckeren Spitzkohl putzen (möglichst kein anderer), in Streifen schneiden und abspülen. Kartoffelscheiben in heißem Fett andünsten, Brühe aufgießen und 10 min kochen. Spitz-Kohl und Fischfilet frisch zufügen und weitere 10 min im geschlossenen Topf bei kleiner Hitze garen. Den Eintopf mit Salz, Curry und Sojasauce abschmecken.

Mit Kresse bestreut servieren.

Möge die Übung gelingen...

Klaus-Peter Schöppner

Klaus-Peter Schöppner ist _Emnid_-Chef. Der Diplom-Psychologe, in Münster geboren, lebt seit über 30 Jahren in Bielefeld. Der Ehemann und Vater von zwei Kindern ist großer Kohl-Liebhaber und auch Kohl-Genießer. Außerdem hat der Geschäftsführer des Unternehmens für Politik- und Sozialforschung und internationale Meinungsforschung Lehraufträge an verschiedenen Universitäten und Fachhochschulen. Schöppner schreibt für diverse große deutsche Tageszeitungen und hat einen regelmäßigen Sendeplatz in einem Nachrichtensender.

Stephans Lachs Sahne Gratin
mit Bandnudeln – für 2 Personen
Schnell und lecker und mit ganz viel Soße

Man kaufe ein:

2 Lachsfilets (1 Packung) tiefgefroren
2 Tüten Maggi fix & frisch Lachs Sahne Gratin
200 ml süße Sahne (Schlagsahne)
200 ml Milch

Den Ofen auf ca. 200° Grad vorheizen.

Den Inhalt von 1½ Maggi-Tüten mit der süßen
Sahne und knapp 200ml Milch vermischen – am besten
im Schüttelbecher. Die Lachsfilets legt man in eine
Auflaufform und gießt das Sahnegemisch darüber.

In den Ofen stellen und ca. 40 Minuten überbacken.
Am besten schon mal nach 30 Minuten kontrollieren.

Wenn ihr Hunger habt, nehmt ruhig 2 Filets pro Person,
dann entsprechend die Maggi-Sahnemischung erhöhen:
4 Lachsfilets – 3 Tüten, 375ml Sahne 375ml Milch

Dazu esse ich am liebsten bunte Bandnudeln.
Reis dazu ist auch lecker.

Die Zubereitung ist super einfach.
Das Ergebnis super lecker.
Viel Spaß & guten Appetit wünscht
Stephan Schüler

Stephan Schüler, Eventmanager und Chef einer Veranstaltungsagentur, ist seit 1991 Moderator bei *Radio Bielefeld*. Der gebürtige Bremer, verheiratet, zwei Kinder, lebt seit knapp 40 Jahren in Bielefeld. Nach Gymnasium und Lehre als Industriekaufmann hat er die Agentur Zephyrus gegründet. Als Moderator der ersten Stunde von *Radio Bielefeld* ist Stephan Schüler in der Stadt bekannt wie ein „bunter Hund". Seit 2002 ist der Fußballfan auch Stadionmoderator bei Arminia Bielefeld.

Eingelegte Matjesfilets

Für 4 Personen

7 Teelöffel Zucker
¼ l Rotweinessig
¼ l Rotwein
2 rote Zwiebeln
20 weiße Pfefferkörner
10 Wacholderbeeren
1 Teelöffel Senfkörner
2 Gewürznelken
5 Lorbeerblätter
8 Matjesfilets

Den Zucker in ¼ l Wasser auflösen, kurz erhitzen und den Essig und Rotwein hinzufügen. Die Zwiebeln abziehen und in Ringe schneiden.

Die Zwiebelringe zusammen mit den Pfefferkörnern, Wacholderbeeren, Senfkörnern, Gewürznelken und Lorbeerblättern zum Rotwein geben. Alles 10 Minuten ziehen lassen.

Die Matjesfilets unter kaltem Wasser abspülen, trocken tupfen, in ein längliches Porzellangefäß legen und die abgekühlte Marinade darüber gießen.

Die Form mit Folie verschließen und die Heringe im Kühlschrank mindestens 12 Stunden ziehen lassen.

Am besten schmecken dazu Pellkartoffeln.

Ralf Schulze, verheiratet, einen Sohn, ist leidenschaftlicher Koch und Genießer. Der Richter am Landgericht ist nicht nur in seinem Beruf ein Mann der klaren Worte – auch beim Kochen und in der Kommunalpolitik. 1988 hat er die Bürgergemeinschaft für Bielefeld – BfB – mitgegründet. Seit '89 ist er im Stadtrat. In seiner Freizeit wandert er gerne, am liebsten auf Reisen im schönen Europa.

Fischauflauf
(ganz einfach und super lecker!)

Zutaten für 4 Personen:

1 kg Seezunge (oder Schollenfilet), 1 Zitrone,
1 Glas trockenen Weißwein, 2 geschälte Tomaten,
1 Glas Tomatenpaprika (Streifen) (geräuffelt),
1 gehackte Zwiebel, 250g frische Champignons (in Scheiben),
2 Knoblauchzehen (zerdrückt),
250g Brokkoli (tiefgefroren), 1 Becher Sahne,
1 Dose Tomatenmark, Salz, Pfeffer, Fondor,
Olivenöl, 200g geriebener Emmentaler Käse.

Zubereitung:

1. Fisch salzen, mit Zitrone beträufeln und
30 Minuten ziehen lassen, abwaschen.

2. Noch einmal salzen, mit Olivenöl in eine
Bratpfanne legen und bei 200° im Ofen ca. 10
Minuten vorbraten. Mit Wein und etwas Zitronen-
saft übergießen, warm stellen.

3. In einer Pfanne Tomatenpaprika und Tomatenwürfel in Olivenöl anbraten, über den Fisch geben.

4. Champignons, Zwiebeln, Knoblauch in Olivenöl
anbraten und ebenfalls über den Fisch verteilen.

5. Den aufgetauten Brokkoli drauflegen.

6. Sahne, Tomatenmark, Gewürze mixen und
über den Auflauf gießen, mit Käse bestreuen
und bei 200° ca. 20 Minuten im Ofen
überbacken.

Als Beilage passen Baguette oder Salz-
kartoffeln ... und ein trockener Weißwein!
Guter Appetit!
Beate Schuster

Beate Schuster ist überall da, wo Bielefeld Farbe benötigt. Die gebürtige Berlinerin, seit über 40 Jahren hier, arbeitet als Projektleiterin und Rohtexterin in der Werbeagentur *Eigenrauch & Partner*; Bielefeldern bekannt u. a. durch *La Strada*, *Leinart* und *Unter Segeln*. Die Mutter eines Sohnes und Partnerin einer „wilden Ehe" kocht leidenschaftlich gerne; aus Zeitgründen aber nur einfache, schnelle, aber „super leckere Rezepte".

Cassola di pesce, sardisches Fischgericht

Zutaten (für 4 Personen):

1 Zwiebel, 4 Knoblauchzehen, 2 getrocknete Peperoncini
600 g Tomaten, 6 EL Olivenöl, 1/8 l trockener Wein,
Salz, 800 g gemischte Fischfilets mit Haut
(z. Bsp.: Rotbarben, Wolfsbarsch, Sardinen u. Brassen)
1/2 Bund Petersilie, 4 gr. Scheiben Weißbrot

1. Die Zwiebeln und den Knoblauch schälen und fein
würfeln. Die Peperoncini fein zerkrümeln oder hacken.
Die Tomaten überbrühen, abschrecken, häuten und
in kl. Würfel schneiden.

2. Im Topf 2 EL Öl erhitzen. Zwiebel, Knoblauch und
Peperoncini darin andünsten. Tomaten und Wein
dazugeben, mit Salz abschmecken und den Sugo
zugedeckt bei schwacher Hitze etwa 15. Min.
schmoren.

3. Aus den Fischfilets die Gräten herausziehen. Große Fischfilets in mundgerechte Stücke schneiden. Tomatensugo durchrühren, Filets leicht salzen und in den Sugo legen. Alles zugedeckt bei schwacher Hitze noch einmal etwa 10 min. schmoren.

4. In der Zeit die Petersilie waschen und trockenschütteln, die Blättchen fein hacken. Die Brotscheiben im Toaster oder im Backofen goldgelb rösten, in tiefe Teller legen. Den Fisch und den Sugo über die Brotscheiben schöpfen, mit Petersilie bestreuen und mit dem restlichen Olivenöl beträufeln.

Viel Spaß beim Kochen, buon apetito!

Susanne Serra

Susanne Serra liebt Gastlichkeit und die italienische Küche. Seit 15 Jahren führt sie gemeinsam mit ihrem Ehemann, einem gebürtigen Sarden, das *Restaurant im Bielefelder Golfclub*. Die Mutter von drei Töchtern isst „für ihr Leben gern Fisch". Wenn es die Zeit erlaubt, fährt sie in das Heimatland ihres Mannes und genießt die Küche der Region, u. a. auch „Cassola di pesce"

Heisse Garnelen

Für 4 Portionen benötigt man:

400 g Garnelen
12 Tomaten
2 Knoblauchzehen(ich nehme gerne 3-4)
2 Zwiebeln
Butter
Salsa Gewürz (das von Maggie ist echt lecker!)
Salz
Pfeffer
Chilipulver

Tomaten kurz ins siedende Wasser, dann schälen und in kleine
Stücke schneiden.

Knoblauch in kleine Stücke schneiden.
Zwiebeln in Ringe schneiden.

Garnelen waschen und trockentupfen.
Butter in der Pfanne erhitzen und den Knoblauch sowie die
Zwiebeln andünsten.
Tomaten dazu und das Ganze ca. 5 Minuten dünsten.
(Ach ja, schön ist immer schon ein Glas Weisswein
während des Kochens zu trinken, mmh☺)

Jetzt kommen die Garnelen dazu.
Salsa Gewürz, Salz, Pfeffer, Chilipulver dazu, abschmecken, fertig!

Ich empfehle dazu ein Ciabattabrot.
Perfekt zum Tunken(wie wird tunken geschrieben?!)

Wichtiger Hinweis:
Falls man ein wichtiges Meeting am nächsten Tag haben sollte,
ist diese Mahlzeit vielleicht nicht zu empfehlen☺)

Bianca Shomburg ist Chor- und Solosängerin mit Wurzeln in Bielefeld. Bereits in ganz jungen Jahren machte sie musikalische Erfahrungen, u. a. im Bielefelder Kinderchor. 1992 begann die Verwaltungsangestellte mit ihrer Gesangsausbildung; dann folgten diverse Auftritte, u. a. als Frontsängerin, Solistin und Duettpartnerin von Hape Kerkeling. Sie wurde Siegerin nationaler und internationaler Soundmixshows und hatte zahlreiche Konzerte im In- und Ausland und TV-Auftritte. Sie brachte mehrere Alben auf den Markt. 2003 gründete sie mit ihrem Freund und Manager Klaus Scharffenorth eine Schule für den musikalischen Nachwuchs.

Lachs im Wirsingbett

1 kleiner Wirsing
4 Lachsfilets à 150 g
2 Becher crème fraîche
1 Glas geriebener Meerrettich
1 Zitrone
Fenchelsamen
Butterflöckchen
Salz und Pfeffer

Den Wirsing vom Strunk befreien und die Blätter in kochendem Salzwasser fünf Minuten blanchieren. Die gebutterte Auflaufform mit einer Schicht Wirsing füllen, die gesalzenen und gepfefferten Lachsfilets darauf legen und mit Zitronensaft beträufeln.
Die crème fraîche mit dem Meerrettich verrühren und die Hälfte auf die Lachsfilets streichen. Den Lachs mit Wirsing-blättern bedecken, die restliche Meerrettich-creme darauf verteilen und alles mit Fenchelsamen und Butterflöckchen belegen.
Im Backofen bei 180 °C ca. 25 Minuten garen. Dazu schmecken neue Kartoffeln und ein trockner Riesling.
Guten Appetit wünscht Hans-Jürgen Simm

Hans-Jürgen Simm ist Kanzler der *Universität Bielefeld*. Seit 2001 leitet der gebürtige Bielefelder „finanz- und verwaltungstechnisch" die Geschicke der Hochschule. Vor dieser Zeit war der Jurist – mit Studium in Münster und Bielefeld – Personaldezernent an der Bielefelder Uni. Hans-Jürgen Simm ist verheiratet und Vater von vier Kindern. Er ist ein Freund guten Essenes und ein Fischliebhaber, „aber kein großer Kochkünstler". In seiner Freizeit spielt der Kanzler Fußball (in einer Justiz-Mannschaft), Tennis und Klavier.

MATJES auf KARTOFFELPUFFER

Sind einfach und schnell vorzubereiten. Für vier Portionen benötigt Sie

10 Matjes-Filets, 1 rote Zwiebeln, 1/2 Bund frischer Thymian, 1 Essl. Senfkörner

Soße: 1/2 Becher Kefir (250g), 1 Becher crème fraîche (200g), 1 Essl. Zitronensaft, Salz, frisch gemahlener Pfeffer

Puffer: 1 kg mehlig kochende Kartoffeln, 1 Zwiebel, 1 Ei, 1 Essl. Kefir, 2 Essl. Mehl, 8 Essl. Öl

Matjes kalt abspülen und trockentupfen und in eine Schüssel legen. Mit Zwiebelringen, abgezupften Thymianblättchen und Senfkörnern bestreuen. Für die Soße: Kefir und crème fraîche verrühren und mit Zitronensaft, Salz und Pfeffer abschmecken. Für die Puffer: Kartoffeln und Zwiebeln schälen und raffeln (evtl. Küchenmaschine). Mit Ei, Kefir und Mehl verrühren und mit Salz und Pfeffer würzen. Jeweils etwas Öl in eine Pfanne erhitzen und nacheinander kleine Puffer backen. Im Backofen warm halten. Soße über die Matjes gießen und zusammen mit den Puffern servieren. Dazu: grüner Salat

Theresia Seutter von Loetzen

Theresia Seutter von Loetzen ist in Ostwestfalen geboren und von Haus aus gelernte Kauffrau. Corporate Marketing und Netzwerke sind die Leidenschaften von Theresia. Seit einigen Jahren arbeitet sie als PR- und Marketingfrau im Bereich der internationalen privat geführten Hotellerie. Sie kocht gerne, treibt regelmäßig Sport und liebt Literatur und Kunst. Außerdem engagiert sie sich ehrenamtlich im sozialen Bereich.

Lachstatar auf Rösti   Für 2 Personen

Man nimmt 350 g. frisches Lachsfilet, entfernt die Haut
und schneidet es in kleine Würfel.
2 Schalotten, 5 Radieschen und eine 1/4 entkernte Gurke ebenfalls
in kleine Würfel schneiden und alles in eine Schale geben.
Ein Bund Dill hacken, dazu geben und mischen. Das Ganze mit ein wenig
Olivenöl, ein paar Spritzern Zitronensaft und Salz abschmecken.

Für die Rösti 5 große Kartoffeln grob raspeln und mit Salz und Pfeffer
würzen, anschließend in einer beschichteten Pfanne mit Rapsöl und
etwas Butter "rösten".

Die goldbraunen Rösti auf die Teller geben, darauf das Lachstatar
verteilen. Mit einem Löffel Creme Fraiche garnieren und servieren.

Bon appétit

Uli Stein, die Torwart-Legende aus Bielelefeld. Der Keeper bestritt insgesamt 512 Bundesliga- (u. a. für Arminia und den HSV) sowie sechs Länderspiele. Zweimal wurde er deutscher Meister (1982 und 1983), Europapokalsieger der Landesmeister (1983) und DFB-Pokalsieger (1987). Seinen Karriere-Start verdankt der Ausnahme-Torhüter dem FC Nienburg 49 e. V. In seiner Freizeit spielt Uli Stein Tennis und Golf. Seit Anfang 2007 ist er als Assistent von Berti Vogts in Nigeria tätig.

Meeresfrüchtetarte

Für den Teig:

175 g Mehl
1/2 Teel. Salz
100 g Butter
1 Ei
90 g geriebener Käse

Für den Belag:

100 g Muscheln aus de Dose
100 g Garnelen
100 g Flusskrebsfleisch
1 Dose Minichampignons
3 Eier
125 ml Sahne
125 ml Milch
150 g geriebener Käse
Salz, Pfeffer, Knoblauch, Muskat

Zubereitung :

Aus den angegebenen Zutaten einen
Mürbeteig kneten, 1h im Kühlschrank
ruhen lassen und bei 200° 15 min
vorbacken.

Auf dem abgekühlten Boden Muscheln,
Garnelen, Krebsfleisch und Champignons
verteilen.
Die Eier mit Milch, Sahne, den Gewürzen und dem Käse verquirlen
und über die Meeresfrüchte gießen.

Bei 200°   30 - 35 min. goldbraun
backen.
            Guten Appetit !

        Annemarie Strathmann

Annemarie Strathmann ist Wahl-Bielefelderin und das seit 30 Jahren. Sie ist verheiratet, Mutter von zwei erwachsenen
Töchtern und arbeitet in der hiesigen Uni in verschiedenen Fakultäten der Naturwissenschaften. Während der Woche
„koche ich im Labor, am Wochenende zu Hause in meiner Küche." Die gebürtige Oberhausenerin liebt Fisch, besonders
natürlich den, den ihr Mann selbst geangelt hat.

DORADE IM SALZMANTEL

CA. 20 MIN. ARBEIT + 30/40 MIN. KOCHEN

FÜR 4 PERSONEN BRAUCHT MAN:
KNAPP 2 KG GANZE DORADEN
2 ZITRONEN (UNBEHANDELTE, IN SCHEIBEN SCHNEIDEN)
FENCHEL (1 KNOLLE, AUCH IN SCHEIBEN)
4 THYMIANZWEIGE, 3 KG STEINSALZ

BACKOFEN VORHEIZEN (200°), WÄHRENDDESSEN
FISCHE INNEN + AUSSEN WASCHEN, ANSCHL. TROCKEN-
TUPFEN. MIT DEM GESCHN. FENCHEL + DEN ZITRONEN
FÜLLEN.

GRUND EINER GROSSEN BACK - ODER AUFLAUF-
FORM CA. 1 CM MIT SALZ BEDECKEN, FISCHE
DRAUFLEGEN, GGF. RESTL. FENCHEL/ZITRONEN-
SCHEIBEN. DANN MIT DEM RESTL. SALZ
KOMPLETT BEDECKEN. WICHTIG: DIE FISCH-
HAUT NICHT BESCHÄDIGEN UND AUF KOM-
PLETTEN SALZEINSCHLUSS ACHTEN!

FISCH EINE GUTE HALBE STUNDE BACKEN.
DANN SALZ VORSICHTIG ZUR SEITE SCHIEBEN
UND DEN FISCH FREILEGEN. ENTHÄUTEN UND
FLEISCH VON DEN GRÄTEN LÖSEN, ES SOLL
KEIN SALZ AUF DEM FLEISCH BLEIBEN.
KANN MAN HEISS ODER KALT MIT BUNTEM
SALAT + LECKEREM BROT GENIESSEN.

GUTEN APPETIT!   HANS STRATMANN

Hans Stratmann, Konzertveranstalter aus Bielefeld. Der gebürtige Detmolder, Jahrgang 1957, ist verheiratet, hat eine Tochter und ist leidenschaftlicher Eisenbahnfan.

Schnelle Bouillabaisse –
ein Hauch von Frankreich

800 gr. Fischfilet (Schellfisch, Rotbarsch, Seelachs, etc.)
2 gr. Zwiebeln, 2 Knoblauchzehen (gewürfelt)
2 Stangen Porree (1 cm dicke Stücke)
2 gr. Möhren (dünne Scheiben)
1 Glas Fischfond
1/4 l Weißwein, 1 Becher Sahne
1 Zweig Rosmarin, Meersalz (1 Teel.) Pfeffer

Das Rezept eignet sich besonders für ein schnelles, leichtes Abendessen f. 4 Personen.
Rösten Sie zunächst Zwiebel und Knoblauch in 3 Eßl. Öl, geben Porree und Möhren hinzu, lassen alles kurz schmoren, löschen dann mit Weißwein ab, (ich probiere dabei schon ein Gläschen) dann mit Fischfond und Sahne auffüllen. Fischstücke zugeben und Rosmarin, mit Salz und Pfeffer würzen. Alles im Schnellkochtopf ca. 5 Min. garen oder im Kochtopf ca. 20 Min.

Mit Muscheln und Scampi kann man das Gericht beliebig verfeinern.
Muscadet und Knoblauchbrot geben den „Hauch von Frankreich"
Bon appetit

Lena Strothmann

Lena Strothmann ist Präsidentin der *Handwerkskammer OWL zu Bielefeld*. Die gebürtige Münsteranerin und studierte Designerin ist Mitglied im Mittelstandsbeirat beim Bundesministerium für Wirtschaft und Arbeit; leitet den Planungsausschuss Europa im *Präsidium des Zentralverbandes des Deutschen Handwerks*; ist Mitglied im Bundestag für die CDU; Dozentin an der FHM in Bielefeld und einiges mehr. Lena Strotmann ist verheiratet und hat eine erwachsene Tochter. Wenn sie Zeit hat, arbeitet sie in ihrem Garten und genießt da die Natur.

Krabbencocktail

8 Blätter Kopfsalat, 1 Ds. Mandarinen
2 Scheiben Ananas aus der Dose,
2 Staudensellerie, 1 Apfel,
250 g Tiefkühlkrabben

Cocktailsoße:
3 EL Mayonnaise, 2 geh. TL Tomaten-
ketchup, 4 EL Zitronensaft, Salz,
Pfeffer aus der Mühle, 1 geh. TL
Paprika edelsüß, 1/2 geh. TL Zucker,
2 Weinbrand, 100 ml geschlagene
Sahne.

Salatblätter waschen, trocknen u.
in Sektschalen legen. Mandarinen u.
Ananas abtropfen lassen, Ananas in
Stücke schneiden. Haut von Selleriestan-
gen abziehen u. die Stangen in
feine Streifen schneiden. Apfel schälen
u. fein würfeln. Obst u. Gemüse mit
den aufgetauten Krabben mischen.
Für die Cocktailsoße die restlichen Zutaten bis auf die Sahne verrühren.
Die Sahne zum Schluß unterheben u.
mit dem Krabbencocktail mischen. Auf
dem Salat anrichten.

Doris Strunkmann

Doris Strunkmann, in Bielefeld geboren, lebt und wohnt „gleich um die Ecke" in Wallenbrück. Sie arbeitet als Sekretärin an der Bielefelder Uni im Rektorat. Für ihre Familie, Gäste und Freunde kocht sie gerne „Fisch ist gesund und will schwimmen", ansonsten radelt sie durch die Natur und liebt Reisen an die Nord- und Ostsee.

Scholle Zui Renverder Art

4 Schollen	125 g Butter
1 Zitrone	1 EL Öl
6 EL Mehl	Salz, Pfeffer
Speckwürfel	250 g Krabben

Schollen unter kaltem Wasser kurz abspülen
und abtrocknen. Mit Zitronensaft beträufeln,
mit Salz und Pfeffer würzen, in Mehl leicht
wenden.

Butter und Öl in der Pfanne erhitzen, heiß werden
lassen. Die Schollen von jeder Seite drei Minuten braten.

Speckwürfel auslassen und mit den Krabben
zur Scholle servieren.

Bratkartoffeln runden das Gericht ab.

Erwin Südfeld

Erwin Südfeld ist Polizeipräsident in Bielefeld. Seit 2001 ist der Diplom-Ökonom Chef von rund 1200 Polizeibeamten und Verwaltungsangestellten. Davor war er Personaldezernent für den Bereich Polizei bei der Bezirksregierung Detmold. Erwin Südfeld ist verheiratet und hat vier Kinder. „Ich bin kein großer Kochkünstler, obwohl meine Bratkartoffeln von allen Familienmitgliedern gelobt werden. Eigentlich lasse ich lieber kochen." Wenn die Zeit reicht, geht er joggen oder liest. Besonders aber genießt er die Urlaube mit Ehefrau oder auch mal mit der ganzen Familie.

Kartoffel-Fisch-Auflauf
(für 4 Portionen)

Zutaten:

500 gr. Kartoffeln, Salz
1-2 rote Paprikaschoten
1 Pk. Frühlingsquark (200 gr.)
200 gr. Creme fraiche
2 EBl. Paprikamark oder Ajvar i. geas
1 Bund Dill, Pfeffer, Salz
500 gr. Kabeljaufilet
1-2 Teel. Zitronensaft

Zubereitung:

1. Die Kartoffeln schälen, in dünne Scheiben schneiden und in kochendem Salzwasser 8 Mi. garen.

2. Inzwischen die Paprikaschoten vierteln, putzen und in kleine Würfel schneiden. Quark mit Creme fraiche und Paprika-mark verrühren. Den Dill hacken, unter die Quarkmasse heben und salzen und pfeffern.

3. Die Kartoffeln abgießen und 3/4 davon in eine Auflaufform geben. Das Kabeljaufilet abwaschen, trocken-tupfen, mit Zitronensaft beträufeln und salzen und pfeffern.

4. Den Fisch auf die Kartoffeln legen und mit den restlichen Kartoffeln und den Paprikawürfeln bedecken. Die Quarkmasse darüber verteilen. Den Auflauf im vorgeheizten Backofen bei 200 Grad (Umluft 175) 20-30 Minuten garen.

Viel Spaß beim Kochen   Ingrid Sültrop

Ingrid Sültrop ist seit einigen Jahren „Nurhausfrau", d. h. „ich habe Zeit zum Kochen". Die nötigen Zutaten, viel Gemüse und Fisch, kauft sie auf Wochenmärkten und bei Biobauern, um dann „kreativ und ganz entspannt mich meinen Kochgelüsten hinzugeben". Ihr Lieblingsesser und auch Testesser ist ihr Ehemann. Ingrid Sültrop liest leiden-schaftlich gerne, sammelt Kochrezepte „ohne Ende" und genießt Sport und Bewegung: Wandern, Yoga und Pilates.

TRÖSTLICHE SPAGHETTI

für mich allein bei plötzlichem Hunger – für die Familie – für überraschende (auch viele) Gäste

Wer wenig Zeit hat, aber verlässlich immer ein paar Vorräte, braucht 15' für eine Schüssel wohlriechender, dampfender Spaghetti! Ich nehme pro Person:

100 gr Spaghetti
100 gr Garnelen
100 gr Rucola (oder Blatt-Spinat)
1 Knoblauchzehe
1 kleine rote, eher sanfte Chilischote

Baguette oder Ciabatta zum Aufbacken

Wasser aufsetzen – Rucola waschen, Stiele abschneiden (Blattspinat im Topf auftauen) – Knoblauch schälen, auspressen und Chilischote in dünne Ringe schneiden, beides in Olivenöl in einer tiefen Pfanne anbraten (kurz!), mit Weißwein oder Fischfond und einem Schuss süßer Sahne ablöschen – tiefgefrorene Garnelen im Sieb ins kochende Spaghettiwasser halten und dann zur Soße geben – Spaghetti kochen und abgießen, zur Soße geben – Rucola oder Spinat unterheben und sofort servieren mit dem zeitgleich aufgebackenen Brot.

Variationen: halbe Kirschtomaten mit den Garnelen in die Soße geben – kleingeschnittene schwarze Oliven und/oder Kapern vor dem Servieren unterheben – statt Garnelen Meeresfrüchte nehmen – Chilischote weglassen, wenn es (noch) sanfter sein soll – bei mehr Zeit und Muße alle Zutaten frisch verwenden – möglichst auf Parmesan verzichten (meinen Italiener bei diesen Spaghetti) – immer jedenfalls umwerfend gut und nicht nur bei Regen sehr tröstlich! Susanne Thurn

Prof. Dr. Susanne Thurn ist Leiterin der Bielefelder *Laborschule*, einer europaweit einmaligen Einrichtung. Außerdem hat die Pädagogin eine Professur an der *Martin-Luther-Universität* in Halle-Wittenberg. Die Mutter von zwei erwachsenen Töchtern lebt seit mehr als 30 Jahren in Bielefeld. Sie fährt gerne Rad – ihr Hauptverkehrsmittel, liebt ihren großen Freundeskreis, ihre Familie und Mitmenschen. Und sie verwöhnt in ihrem Haus gerne Gäste.

Lachsforelle auf Gemüsebett

Die Lachsforelle wird gewaschen, mit einem Küchenpapier trocken getupft und anschließend mit Salz, weißem Pfeffer, etwas Knoblauch, Thymian und Salbei eingerieben.

Das geputzte und fein geschnittene Gemüse (1 Stück Sellerie, 1 Stange Porree, 1 Apfel, 2 Möhren und 1 Zwiebel) wird in einen großen Bratentopf gegeben. Der Bratentopf wird sodann mit 1/8 Liter trockenem Weißwein und 1/2 bis 1 Liter (nicht zu kräftiger) Brühe aufgefüllt, so dass das Gemüse bedeckt ist. Der Fisch wird auf das Gemüse gelegt. Er soll zugedeckt im Backofen (der vorgeheizt sein muss) bei 180-200 Grad etwa 40 Minuten garen. Nach diesen 40 Minuten soll der Fisch nach ca. 10 Minuten ohne Deckel weiter garen und dabei ab und zu mit etwas Butter bestrichen werden. Anschließend wird der Fisch vorsichtig vom Gemüse genommen und warm gestellt.

Das Gemüse wird mit einem Pürierstab durchgerührt oder durch ein Sieb gegeben und mit Sahne und feine Kräuter abgeschmeckt.
Dazu werden Rösti, ein frischer Feldsalat und ein trockener Weißwein serviert.

Dieter Timmermann

Prof. Dr. Dieter Timmermann ist seit 2001 Rektor der Bielefelder Universität: „Eine große Herausforderung, die Spaß macht, weil ein Rektorat heute gestalten kann und Visionen haben darf". Der gebürtige Mecklenburger, aufgewachsen in Ostfriesland, Schule und Studium in Bonn, ist seit 1974 an der Bielefelder Universität. Der Bildungsökonom, verheiratet mit einer Oberstudienrätin und Vater von zwei erwachsenen Kindern, ist kein großer Kochkünstler, isst aber gerne Fisch. Die Hobbys des Bielefelders aus Leidenschaft: Tennis, Skifahren, Surfen und „ein bisschen Klavierspielen".

Heringsalat für ca. 10 Personen

10 Salzheringe
1/2 Pf. Kalbfleisch
1/2 Pf. Schweinefleisch, mager
1/2 Fleischwurst
10 hart gekochte Eier
1 Pf. Pellkartoffeln
1 Pf. rote Bete
1 Glas Gewürzgurken
750 gr. Zwiebeln
1/2 Glas Preiselbeeren

Heringe ein Tag wässern, alles fein schneiden
u. ca. 2 Tage ziehen lassen. Bei zu strengem
Geschmack mit Himbeersirup verfeinern.

Super Rezept für Silvester!

Stefanie Twistel
aus Kirchdornberg

Stefanie „Steffi" Twistel ist von Beruf Restaurantfachfrau, arbeitet seit 15 Jahren in ihrem Job. Kein Wunder also, dass die gebürtige Kirchdornbergerin leidenschaftlich gerne kocht – für ihren Mann, die Familie, Freunde und Gäste „am liebsten deftig-westfälisch, so richtige Hausmannskost". In ihrer Freizeit geht Steffi gerne mit dem Familienhund nach draußen, einem Bardino namens „Bonny", oder genießt Natur und Garten „für viel mehr bleibt auch keine Zeit".

Tintenfischringe mit Kaiserschoten

Für 4 Personen:

500 gr frische Tintenfischringe (unpaniert !!!)
500 gr Kaiserschoten
1 rote Paprika, 2 Zehen Knobi,
Soja Sauce, Thai Fischsauce,
Chili Gewürz, Zitronensaft,
Erdnuß öl zum braten

Tintenfischringe gut waschen und mit reichlich Zitronensaft 15 Minuten marinieren. Kaiserschoten, gewürfelte Paprika und Knobi im Wok scharf anbraten und bißfest garen. Gemüse rausnehmen und warmstellen. Tintenfisch abgießen und im Wok ca 5 Minuten durchbraten. Gemüse dazugeben und mit 2-3 EL Thai Fischsauce, Sojasauce und Chili Gewürz abschmecken.
Gut als Vorspeise oder mit Basmati-Reis als Hauptgericht

Jochen Vahle

Jochen Vahle liebt *Randale* – nicht nur im heimischen Kinderzimmer des Nachwuchses, auch die Kultband mit Kinder-Rock. Der gebürtige Jöllenbecker – „und immer noch in Jöllenbeck" – schreibt die Texte für die rockigen Kinderlieder und komponiert mit der Band die Musik. Natürlich singt Jochen Vahle auch. Seit rund 20 Jahren arbeitet er als Kulturmanager in Bielefeld; verwöhnt in seiner Freizeit die Frau und die drei Kinder: „Ich koche super gerne und mache das auch zu Hause".

Michael Vesper

Eine Fischsuppe für die Vesper

Ob an lauen Sommerabenden oder im Herbst, wenn die Blätter fallen - eine Fischsuppe sättigt leicht aber gründlich und passt wunderbar zu trockenem Weißwein. Ich mache sie gern so:

Auf dem Markt oder im Fischladen kaufe ich pro Person – je nach Hunger und Qualität der Esser – bis zu 250 Gramm Edelfische (Seewolf, Thunfisch, Lachs, Petersfisch, Zander, es darf auch Kabeljau sein), was halt gerade da ist und weg muss. Krabben oder Gambas, möglichst ausgepult, um Finger und Schlipse zu schonen, passen auch sehr gut. Dazu lasse ich mir Fischköpfe und Gräten geben; die gibt's umsonst oben drauf. Am regionalen Gemüsestand kaufe ich Suppengemüse, also Sellerie, Lauch, Möhren, Zwiebeln, viel Knoblauch und glatte Petersilie.

Zu Hause setze ich zunächst die Köpfe und Gräten in kaltes Salzwasser und lasse das Ganze aufkochen. Währenddessen wasche und zerteile ich das Gemüse grob und gebe es in den Sud hinein. Eine halbe Lauchstange mit Grün und eine dicke Möhre schneide ich in winzige flache Stücke und stelle sie, ebenso wie die sehr fein gehackte Petersilie, beiseite. Der Sud köchelt dann ruhig mehrere Stunden vor sich hin, während ich den Fisch enthäute, entgräte und in würfelgroße Stücke schneide. Dabei probiere ich schon einmal den herrlichen Grauburgunder, den ich für meine Gäste ausgesucht habe. Eine Flasche – bei größerer Gästeschar auch zwei – opfere ich für den Sud; es bringt nichts, hierfür Billigwein zu verwenden.

Wenn Kopf und Gräten zerfallen und die Gemüseteile völlig zerkocht sind, wenn sie ihren Geschmack also vollständig abgegeben haben, dann schöpfe ich den Sud ab. Fisch und Gemüse passiere ich erbarmungslos durch ein Sieb, bis am Ende nur noch die klare, schon köstlich duftende Suppe vor mir steht. Die schmecke ich mit Salz und Pfeffer ab. Mir reicht das; wer mag, kann aber durchaus noch einige Kräuter hinzufügen. Und nun kommt der feierliche Augenblick. Ich koche die Suppe noch einmal stark auf, gebe dann den Fisch hinein, drehe Gas oder Strom sofort herunter und lasse den Fisch maximal zwei bis drei Minuten darin ziehen. Bitte nicht mehr sprudelnd kochen lassen! Anschließend kommen die Lauchringe, Möhrenstückchen und die Petersilie hinzu und dürfen noch kurz mitziehen. Dann serviere ich die Suppe heiß. Ihre Gäste werden sich freuen, denn sie schmecken nicht nur den Fisch, der saftig geblieben ist und dennoch auf der Zunge zergeht, sondern sie haben auch etwas zu beißen. Dazu kann man selbstverständlich auch Croutons mit Aioli reichen. Wohl bekomms!

Dr. Michael Vesper – deutscher Sportfunktionär und ehemaliger Politiker. Der gebürtige Kölner hat in Bielefeld studiert und promoviert. Vesper war Mitinitiator des *Dritte-Welt-Ladens* und einer ersten „Krabbelgruppe" in Bielefeld. Er war Mitbegründer der Grünen in Bielefeld und der Bundesgrünen. Von 1995 bis 2005 war Vesper Bauminister und Stellvertreter des Ministerpräsidenten NRW. Seit 2006 ist er Generaldirektor des *Deutschen Olympischen Sportbundes*. Der Ehemann und Vater von vier Kindern kocht gut und gerne.

Lottespieße auf Safransauce

Zutaten für 4 Personen:

600 g Lottefilet (Seeteufel)
Salz, Pfeffer, 1 Stange Porree, etwas Butter
0,1 l trockener Weißwein, 1 Tomate,
frischer Dill, 0,2 l Fischfond, 5 Ebl. Noilly Prat
1 kleine feingewürfelte Schalotte, 150 g
Creme double, 1 Messerspitze Safranfäden,
Meersalz, Cayennepfeffer, 25 g kalte Butter

1. Die Filets in 12 gleichmäßig große Würfel schneiden, pfeffern, salzen.

2. Jeden Fischwürfel mit einem Lauchstreifen umwickeln. Jeweils 3 Würfel nebeneinander auf einen geölten Holzspieß stecken.

3. Spieße in eine gebutterte Form geben, mit Wein beträufeln, nochmals salzen und pfeffern. Im Backofen bei 160 Grad in 20 Minuten garen. Währenddessen die Tomate überbrühen, häuten, entkernen und in kleine Stücke schneiden (Würfel).

4. Fischfond, Weißwein, Noilly Pratt und Schalottenwürfel bei großer Hitze zu sirupartiger Konsistenz reduzieren.

5. Creme double einrühren, nochmals aufkochen und Safran zugeben. Köcheln lassen, bis die Sauce sämig ist.

6. Durch ein feines Sieb passieren, mit Meersalz und ein wenig Cayenne nachwürzen. Erwärmen und die Sauce mit eiskalter Butter aufschlagen.

7. Die Safransauce auf vorgewärmte Teller verteilen, jeweils einen Lottespieß und einige Tomatenwürfel drauflegen und mit Dill garnieren. Dazu: Basmati- oder Duftreis.

Hans-Georg Vogt

Hans-Georg Vogt ist Banker. Der gebürtige Schwelmer ist Vorstandsvorsitzender der *Sparkasse Bielefeld*. Seit 1994 arbeitet er im hiesigen Kreditinstitut. Der Ehemann und Vater einer Tochter ist leidenschaftlicher Hobbykoch und Genießer eines guten Tropfen Rotweins. Sein allerliebstes Hobby aber ist das Laufen.

Spiralnudeln mit Räucherlachs

Zutaten für 4 Personen:

- 200 g Tiefkühl-Brokkoli
- 350 g Spiralnudeln
- Salz, Pfeffer
- 300 g Räucherlachs
- 1 El Butter
- 200 g Crème fraîche
- 200 ml Sahne
- 2 Eier
- 1 El Sahnemeerrettich
- 2 El Zitronensaft
- 80 g geriebener Parmesan
- 2 El. eingelegte grüne Pfefferkörner

1. Brokkoli auftauen. Nudeln im reichlich Salzwasser bißfest garen. Auflaufform fetten. Backofen auf 175 Grad vorheizen.

2. Brokkoli in sehr kleine Röschen teilen. Lachs zerpflücken. Nudeln abtropfen lassen und mit der Butter vermischen.

3. Crème fraîche mit Sahne, Eiern, Meerrettich, Zitronensaft und der Hälfte des Parmesan verquirlen. Mit Salz und Pfeffer kräftig würzen.

4. Nudeln mit Lachs, Brokkoli und dem grünem Pfeffer in die Auflaufform schichten. Mit der Soße begießen. Mit dem restlichen Käse bestreuen. Im Backofen auf der mittleren Schiene etwa 30 Min. backen.

Sylvia Vorsteher

Sylvia Vorsteher, gebürtige Belgierin, lebt seit 18 Jahren in Bielefeld. Die berufstätige Mutter und Ehefrau kocht leidenschaftlich gerne für ihre Familie „das ist totale Entspannung für mich." Ihr liebstes Hobby ist das Reisen: Städtetouren mit Besichtigungen und Museumsbesuchen. Außerdem liest sie gerne und genießt ihre Familie. Das eingereichte Rezept ist das Lieblings-Fisch-Rezept der Kinder.

Lachs mit Meerrettichsahne

Zutaten für 4 Portionen:
4 Lachsfilets (à 180 g)
Salz, Pfeffer, 40 g Butter
400 g Schlagsahne, 2 Eigelb
2-3 El frischer ger. Meerrettich
abger. Zitronenschale (unbeh.)
2 El fein geschnittener Dill

Filets waschen, trockentupfen, salzen, pfeffern. Eine Auflaufform mit Butter fetten, Filets nebeneinander hineinlegen. Backofen auf 200° vorheizen. Sahne, Eigelb, Meerrettich, Zitronenschale verquirlen, Dill untermischen. Masse über dem Lachs verteilen. Im Ofen auf der oberen Schiene etwa 15 Minuten überbacken. Lachs mit Zitronenspalten anrichten.
Beilagen: Salzkartoffeln und Salat
Guten Appetit!

Annette Walhorn

Annette Walhorn ist Liebhaberin leichter und schneller Gerichte. Die gebürtige Bielefelderin arbeitet als Sekretärin im Rektorat der Bielefelder Universität. Die Hobbys der verheirateten Mutter einer erwachsenen Tochter: Sie spielt gerne Tennis und fährt viel Rad, liebt die Natur und die Arbeit im eigenen Garten. Sie fährt gerne in Urlaub – mit ihrem Ehemann. Die Reiseziele: „Da sind wir sehr flexibel".

Seezungenfilets mit Senfsahnesoße

Zutaten: 12 Seezungenfilets (etwa 600 g)
1/8 L Weißwein
1/8 L Wasser
6 Pfefferkörner
einige Senfkörner
Zitrone, Salz, Pfeffer
35 g Speisestärke
1/8 L Milch
1/8 L Sahne

Seezungenfilets abspülen, trockentupfen, aufrollen und mit Holzstäbchen feststecken.
Weißwein, Wasser, Pfeffer- und Senfkörner, Zitrone, Salz und Pfeffer zum Kochen bringen, Seezungenröllchen hineingeben, gar ziehen lassen, aus der Fischbrühe nehmen und warm stellen.
Speisestärke mit 3 EßL. Milch anrühren, die übrige Milch zum Kochen bringen, von der Kochstelle nehmen, die Speisestärke unter Rühren hinzugeben, kurz aufkochen lassen. Sahne hinzufügen und mit Salz, Zitrone und Senf abschmecken, etwas Soße über die Fischröllchen gießen, die restliche Soße getrennt dazu reichen.
Beilage: Curry-Kräuter-Reis, junge Erbsen und gedünstete Champignons
Bon Appetit

Michael Wannow

Michael Wannow, gebürtiger Alfhausener, kam wegen des Jura-Studiums nach Bielefeld. Hier hat er auch seine Liebe gefunden. Heute ist der Ehemann und Vater von zwei Kindern Leiter Touristische Dienste beim *ADAC*. Der Genießer geschmackvollen Essens und eines leckeren Bierchens ist selber leidenschaftlicher Koch – auch für Freunde und viele Gäste. Seine Hobbys sind außerdem: die Familie, Tennis und Fußball. Seit zehn Jahren ist Michael Wannow im Vorstand des VfR Wellensiek – als „Schatz"meister.

Lachsfilet auf Orangensoße
mit Tagliatelle
(4 Pers.)

Zutaten:

1000 g Lachsfilet	- frisch oder tiefgefroren
2 Bund Lauchzwiebeln	- 1cm dicke Ringe schneiden
2-3 rote Paprika	- in größere Stücke schneiden
2 Schälchen frische Champignons	- in ½cm dicke Scheiben schneiden
2-3 Teel. Zitronen Thymian	- oder andere Kräuter - fein hacken

Salz, Pfeffer, Zitrone, Orangensaft ca. 300ml, Olivenoel, Sahne oder Cremefino, Soßenbinder oder Mehl

Zubereitung: Den Lachs mit Olivenoel einpinseln, salzen, pfeffern und mit Zitrone beträufeln. Olivenoel erhitzen, Lachs von jeder Seite ca. 2min scharf anbraten, aus der Pfanne nehmen und bei Seite stellen. Das geputzte und geschnittene Gemüse in das Bratfett geben und ebenfalls kurz scharf anbraten. Salzen, Pfeffern und einen Teil Kräuter dazu geben. Nach und nach mit Orangensaft ablöschen, bei mittlerer Hitze ca. 10min. köcheln. Mit etwas Soßenbinder oder Mehl binden und mit Sahne oder Cremefino verfeinern (nochmals abschmecken). Die Lachsfilets auf der Soße verteilen und die Pfanne mit einem Deckel schließen. Der Lachs gart bei ganz kleiner Hitze zuende, bis die Nudeln (nach Anweisung) fertig sind.
Auf Tellern schön anrichten und mit den restlichen Kräutern bestreuen. Dazu schmeckt ein frischer grüner Salat mit einem leichten Dressing.

Und fertig, lecker, los ...

Guten Appetit!

Stefanie Welling

aus Jöllenbeck

Stefanie Welling ist gebürtige Lipperin, aber „nicht sparsam und geizig". Die Ehefrau und Mutter eines Kindes macht zur Zeit eine Ausbildung. Sie kocht gerne für die Familie und Freunde; ihr größtes Hobby aber ist ihr Pflegekind „ein anderthalb Jahre alter Rhodesian Ridgeback namens ‚Vanja'". Wenn dann noch Zeit bleibt treibt Stefanie Welling ab und zu Sport in einem Fitnessclub.

Rezept:

Goldbarschfilet mit
Kartoffelsalat:

die Filets abwaschen und
dann trocknen; in einer
Mischung aus Mehl, Salz,
Pfeffer panieren; dann
in Öl von beiden Seiten
ca. 3 Minuten braten;
Den Fisch mit Zitrone und
Kräuterbutter garnieren;
den Kartoffelsalat mit
Pellkartoffeln und einer
Marinade aus Salz, Pfeffer,
Senf, Mayonnaise, Essig
herstellen. den Kartoffelsalat
2 Stunden vor dem Essen
herstellen und mit
frischer Petersilie
dekorieren;

Michael Wernemann

Michael Wernemann ist Besitzer der *Bielefelder Fischbratküche*. Der Betriebswirt hat das kleine Unternehmen mit Restaurant und Schnellimbiss jahrelang geleitet. „Fisch ist gesund und für die Zukunft von großer Bedeutung"… 2004 übernahm der Familienvater die Bielefelder Gaststätte, will sie auch in Zukunft in der bekannten Tradition weiter führen. In seiner Freizeit spielt Michael Wernemann Fußball, ist auch als Jugendtrainer aktiv am Ball.

Schleie aus dem Heeper Meierteich in Butterbrotpapier gebacken

pro Person 1 Schleie oder Forelle
Butterbrotspapier
Olivenöl, Weißwein
Blattpetersilie, Rosmarienzweig
1. Teel. Kapern, Meersalz, Pfeffer
2 Kirschtomaten, Fenchel
wer mag Knoblauch in Scheiben

Den Fisch von innen und außen unter kalten Wasser abwaschen, trocken tupfen. Das Butterbrotspapier mit Olivenöl bestreichen. Den Fisch in die Mitte des Papiers legen, mit Salz und Pfeffer würzen, mit Petersilie, Rosmarien, Kapern, Tomaten und Fenchelscheiben füllen, und den Fisch mit Olivenöl und Wein befeuchten. Dann den Fisch im Papier einschlagen und wie ein Bonbon zubinden. Bei 180° im vorgeheizten Backofen 25 Min garen. Den Fisch im Papier auf den Teller legen und servieren. Wenn Sie dann direkt vor dem Verzehren erst das Papier öffnen, entsteigt ein köstlicher Duft aus dem Päckchen und man kann schon ahnen wie herrlich der Fisch schmecken wird. Dazu passen am besten Kartoffeln, und ein Weißwein aus Franken.
Guten Appetit und viel Spaß beim Kochen wünscht Ihnen
Gustav Werning
Restaurant Wernings Hof

Gustav Werning ist verheiratet (mit Ehefrau Gabriele) und Vater dreier Kinder. Der gebürtige Bielefelder („Nein, Heeper! In Heepen von Hebamme Lenchen Kornfeld geholt") ist gelernter Restaurant- und Küchenmeister. Seit rund 45 Jahren schwingt er den silbernen Löffel, u. a. für seine beiden Restaurants *Wernings Hof* und *Wernings Weinstube*. Und der Name ist Programm! Weine – besonders das Anbaugebiet Franken – sind Gustav Wernings Hobby.

Fischpfanne "Albrecht"

Zutaten (für 4 Pers.):

500 g Lachsfilet (tiefgefroren)

500 g Garnelen (tiefgefroren)

3 EL Butter

30 g Mehl

250 ml Fischfond (Glas)

100 ml trockener Weißwein

250 ml Milch

2 EL Kräuter-Crème fraîche

Saft von ½ Zitrone

100 g geriebener Käse

2 EL gemischte Kräuter, Salz, Pfeffer

Zubereitung:

Den Lachs und die Garnelen in gefrorenem Zustand in einer Auflaufform verteilen. Mit Zitronensaft beträufeln, salzen. Butter in einem Kochtopf zerlassen, Mehl darüber stäuben, unter ständigem Rühren gut anschwitzen lassen. Mit Fond, Weißwein und Milch ablöschen. 1x aufkochen, kräftig würzen, ca. 20 min. bei geringer Hitze köcheln, öfter umrühren. Crème fraîche und Kräuter dazugeben. Sauce über den Fisch gießen, mit Käse bestreuen. Im auf 200 °C vorgeheizten Ofen ca. 30 min. überbacken.

Mareike Wichmann

Mareike Wichmann, gebürtige Gadderbaumerin, ist über Uerentrup nach Kirchdornberg ausgewandert. Hier nun bekocht die „Ur-Bielefelderin seit zig Generationen" ihre Familie, den Ehemann, die Tochter, Freunde und Bekannte. Mareike Wichmann kocht *und* isst leidenschaftlich gerne. Wenn neben Teilzeitjob und Familie noch Zeit bleibt, geht sie zum Reiten.

Seelachsfilet im Kartoffelmantel

für 6 Personen

Zutaten:

500 g Seelachsfilet
5 mittelgroße Kartoffeln, grob geschnitzelt
3 Eier
3 El Mehl
Zitronensaft, Salz und Pfeffer
Öl zum Braten

Zubereitung:

Die Kartoffeln werden mit einer Reibe grob geschnitzelt und mit Küchenkrepp getrocknet. Nun werden die Eier auf einem flachen Teller verrührt und das Mehl bereitgestellt. Danach wird der Fisch gewaschen, trockengetupft und in sechs Portionen aufgeteilt. Die Filetstücke werden mit Zitronensaft beträufelt und mit Salz und Pfeffer gewürzt. In einer genügend großen Pfanne wird nun das Öl erhitzt. Die Fischfilets werden zunächst in Mehl gewälzt, dann taucht man sie in Ei und legt sie in die Kartoffelschnitzel. Die Kartoffeln werden vorsichtig angedrückt. Nun wird der Fisch in die heiße Pfanne gegeben. Sobald die Fischfilets von einer Seite goldbraun sind, werden sie gewendet und die Temperatur heruntergeschaltet. Der Fisch muss etwa zehn Minuten garen.

Aus: „Spezialitäten aus der Senne"

Matthias Wienhues

Dr. Matthias Wienhues, gebürtiger und begeisterter Bielefelder und Augenarzt empfiehlt Fisch – wegen den „gesunden Seefisch-Omega-3-Fettsäuren", und er schwärmt für die regionale Küche. Kochmotto nach Gaugin: „Viele ausgezeichnete Köche werden dadurch verdorben, dass sie zur Kunst übergehen". Der passionierte Historiker, „glücklich verheiratet" und Vater zweier Söhne, engagiert sich u. a. im Lionsclub Bielefeld-Leineweber.

Fisch *geht* immer – Lachs auch

Berufstätige Menschen möchten am Abend noch eine Kleinigkeit essen. Selbst kochen ist dabei schon eine Herausforderung.
Wenn schon gekocht werden soll, muss es bei mir schnell gehen, einfach in der Zubereitung, kalorienarm u schmackhaft sein. Das folgende Gericht ist auf diese Bedürfnisse abgestimmt.
Gemüse kann man heute gut tiefgekühlt vorhalten. Reis ist immer im Regal. Der Fisch wird auf dem Weg r Hause in der Stadt eingekauft.

Mann oder Frau nehme:

pro Person 200 g frisches Lachsfilet

pro Person ca. 150 g Gemüsemischung – tiefgefroren, z.B. Sommer- oder Asiagemüse.

Für 2 Personen 1 Tasse Basmatireis und 2 Tassen Gemüsebrühe (ohne Geschmacksverstärker) . Salz, Gewi nach Wahl sind möglich.

Zubereitung   **Zeit ca. 30 – 35 Minuten**

Lachs abwaschen und mit Küchenpapier trocken tupfen,

Gemüseportionen zum Garen aus dem Tiefkühlfach holen.

Reis in einen Topf geben, mit der Gemüsebrühe auffüllen und einmal kurz aufkochen lassen.
Dann sofort die Hitze auf Stufe 1 stellen und den Reis ca. 20 Minuten ziehen lassen – Deckel muss auf den geschlossen bleiben. Nichts brennt mehr an!

Gemüse auf hoher Stufe, in zwei bis drei Esslöffeln Olivenöl andünsten, mit wenig Gemüsebrühe auffülle gar dünsten lassen, bei mittlerer Stufe, ca. 7 - 10 Minuten. Dann mit Salz, Pfeffer, Gewürzen nach Wahl abschmecken. Wer mag schmort Knoblauch mit, den ich leider nicht vertrage. (alternativ Oliven)

Bratpfanne mit Olivenöl auf mittlerer Stufe erhitzen. Fisch hineingeben und auf dieser Stufe nur von einer ca.10 - 15 Minuten, je nach Dicke der Stücke, leicht schmoren lassen, d.h. Deckel auf die Pfanne. (bei dick Stücken von beiden Seiten braten)
Zum Abschluss mit etwas Weißwein ablöschen und noch 2 – 3 Minuten fertig schmoren lassen.

Serviervorschlag:
Gericht auf vorgewärmten Tellern servieren.
Zitrone zum Fisch reichen, wer mag.
Zum Gemüse esse ich lactosefreien Schmand und bestreue es mit gefrorenen oder getrockneten Kräutern.
Dazu ein Glas trockenen Riesling aus Enkirch an der Mosel.

Mit etwas Übung eine schnelle Sache! Guten Appetit.

Werner W. Wilk ist Psychologe, Psychotherapeut und „Hinundwiederkoch". Der bundesweit bekannte Notfallexperte und Trauma-Spezialist arbeitet seit 25 Jahren mit seiner Ehefrau in einer Gemeinschaftspraxis in Bielefeld. Werner Wilk ist Vorstandsbeauftragter der *Bundespsychotherapeutenkammer für Notfallpsychotherapie* und Mitglied der Kommission *Großschadensereignisse der Psychotherapeutenkammer NRW*. Der Familienvater zwei Kinder genießt die Arbeit im eigenen Garten und fotografiert gerne. Außerdem interessiert er sich sehr für Kunst und Kultur des ostasiatischen Raumes – Tibet, China und Japan.

SCHARFE SCAMPI VON BLECH!

Für 2 Personen:
1 Beutel tiefgefrorene Scampi
2 Chilischoten rot und grün
3 Knoblauchzehen
Olivenöl
Alufolie

Zubereitung:
Die Scampi auftauen, wie einen Schmetterling aufschneiden und den Darm entfernen.
Chilischoten entkernen und in Streifen schneiden, Knoblauch in Scheiben.
Olivenöl erhitzen, die Hälfte Chili und Knobi dazu geben. Jetzt die Hälfte der Scampi mit der fleischigen Seite nach unten anbraten. Dann alles auf ein mit Alufolie ausgelegtes Backblech kippen und im Backofen warm halten. Jetzt die zweite Runde ebenso zubereiten und ab damit aufs Backblech. Das kommt jetzt so wie es ist mitten auf den Tisch ... viel Spaß beim pulen!
Am Besten passt Weißbrot dazu ... für Knobifans noch eine gute Aioli! Und ein frischer Salat.
Nicht vergessen: eine Schale Wasser mit Zitronenscheiben für die Finger!

Bettina Wittemeier

Bettina Wittemeier liebt Bielefeld; aber auch Sylt, ihre zweite Heimat. Eine besondere Leidenschaft verbindet sie mit dem Fußball – Arminia Bielefeld ist ihre Top eins. Außerdem liebt sie Kochorgien mit schön gedecktem Tisch und Kerzenzauber. Es gibt noch so einiges mehr, aber das wird hier nicht verraten. Seit Jahren schon „betreut" sie liebevoll ihre beiden Katzen: Frieda-Bärbel und Bobby.

Zander auf Gemüsebett mit Greyerzer

4 El Olivenöl
2 gelbe Paprikaschoten
2 Zucchini
200 ml Gemüsebrühe
2 große Filets vom Zander (ca. 600g)
Zitronensaft
100 g Greyerzer (im Stück)
100 g Mascarpone
3 El Wein (weiss)
1 Tl Curry
1/2 Bund Schnittlauch
1 Tw Thymian
Salz u. Pfeffer

Paprika in Streifen schneiden.
Zucchini längs halbieren und in Scheiben schneiden.
Gemüse in Olivenöl andünsten,
Gemüsebrühe zufügen, knapp weich dünsten und würzen.
Zanderfilets trocken tupfen und würzen.
Gemüse auf feuerfeste Teller oder in eine Gratinform geben,
darauf die Fischfilets verteilen.
Greyerzer reiben und mit Mascarpone, Wein, Gewürzen
und feingeschnittenen Kräutern mischen,
über die Fischfilets verteilen.
Im vorgeheizten Ofen (180°C) überbacken, bis der
Käse zu schmelzen beginnt
Dauer ca. 8 - 10 Minuten, ev. Gradzahl etwas erhöhen

Ingrid Wohlfarth

Ihr Hobby ist das Kochen! Gerne für die Familie; aber besonders gerne auch für Freunde und Bekannte. Ingrid Wohlfarth liebt Fischgerichte, Schalen- und Krustentiere, und die serviert sie auch gerne ihren Gästen. Die berufstätige Bielefelderin, verheiratet, zwei Kinder, treibt Sport und liest, wenn sie Zeit hat, am liebsten Krimis.

Käse-Lachs-Terrine

Zutaten für ca. 30 Scheiben:
100 g Lauchzwiebeln, 2 Stiele Dill, 1/2 Topf Kerbel,
800 g Doppelrahm-Frischkäse, 50 g Echtlachs Creme,
3 (à ca.30 g) Scheiben geräucherter Lachs, 1 Packung (500 g; 10
Scheiben) Vollkorn-Brot, 6 Scheiben (à ca. 50 g), Gryerzer-Käse,
Eischeiben, Kräuter, gelbe Kirschtomaten und eventuell etwas
Forellen-Kaviar zum Garnieren, Fett und Frischhaltefolie für
die Form.

Zubereitung:

1. Lauchzwiebeln putzen und waschen. Kräuter waschen,
   trockenschütteln. Lauchzwiebeln und Kräuter fein schneiden.
   Mit 400 g Frischkäse verrühren. Lachscreme und übrigen
   Frischkäse verrühren.

2. Eine Terrine oder Kastenform (30 cm lang; 1 3/4 Liter Inhalt)
   leicht fetten und mit Frischhaltefolie auslegen. Zuerst den
   Lachs hinein legen. Dann nacheinander 2 1/2 Brozscheiben,
   1/3 des Kräuterkäses, 3 Gryerzerscheiben, die Hälfte der
   Lachscreme und übrigen Gryerzer, Kräuterkäse und Brot
   einschichten. Eine Stunde kalt stellen.

3. Vor dem Servieren auf eine Platte stürzen, Folie abziehen. Mit
   Eischeiben, Kräutern, gelben Kirschtomaten und evtl.
   Forellenkaviar garnieren.

Viel Spass beim Zubereiten und guten Appetit

[Unterschrift]

Frank Wulfmeyer, „begeisterter Bielefelder von Geburt an", ist Obermeister der *Bielefelder Tischler-Innung*. Der Ehemann und Vater eines Sohnes ist Tischlermeister und übernahm vor zehn Jahren den elterlichen Betrieb in der vierten Generation. Der Liebhaber leckeren Essens und eines guten Tropfen Rotweins ist selber kein großer Kochkünstler. Er fährt lieber mit dem Mountainbike durch den Teuto oder genießt die Urlaubsreisen in den sonnigen Süden – in sein Lieblingsland Italien.

Schellfisch mit Senfsauce und Blattspinat

Zutaten 4 Personen:

600-800 g Schellfischfilet (am besten vorbestellen)
60 g Butter
60 g Delikatesssenf
400 ml Milch
1 Zwiebel
400-500 g TK-Blattspinat
Salz, Pfeffer, Muskatnuss, nach Belieben Weißwein

Zubereitung:

Schellfischfilet in eine leicht gebutterte Fettfangschale einlegen, mit Salz und Pfeffer würzen und nach Belieben mit etwas Weißwein beträufeln. Im vorgeheiztem Backofen (Umluft ca. 180°C) ca. 8-10 Min. garen.

In der Zwischenzeit einen Topf leicht erhitzen, Butter hinein geben und braun werden lassen, den Senf mit dem Schneebesen einrühren und mit Milch bis zur gewünschten Konsistenz auffüllen.

Für den Spinat Zwiebel fein würfeln und in Butter glasig anschwitzen. Den aufgetauten Spinat hinzufügen, erwärmen, mit Salz und Pfeffer und etwas frisch geriebener Muskatnuss abschmecken. Nach Belieben etwas braune Butter unterrühren.

Als Beilage empfehle ich Petersilienkartoffeln.

Anstelle des Spinats schmeckt dazu auch sehr gut ein pikant abgeschmeckter Salat!

Guten Appetit wünscht Carlos Wulle

Cornelius Wulle ist Chef des Waldrestaurants *Waterbör* – und das seit über 25 Jahren. Vor dieser Zeit hat der gebürtige Hamburger, Sproß einer Lehrerfamilie, 17 Jahre lang im Hause Oetker als Privatkoch gearbeitet. Cornelius Wulle, verheiratet, drei Kinder, lebt seit 1966 in Bielefeld: „Bin Wahl-Senner, darauf lege ich großen Wert". Mittlerweile ist die Stadt am Teutoburger Wald – und eben ganz besonders der Süden – seine zweite Heimat geworden. Wenn Cornelius Wulle mal richtig Zeit hat, treffen er und seine Frau sich gerne mit Freunden und gehen gemütlich Essen.

KABELJAU aus dem RÖMERTOPF
(köstlich und schnell)

Je nach Personenzahl   ein entsprechendes Stück frischen Kabeljau
Entsprechende Menge Kartoffeln (halbfest - festkochend)
1/3 bis zur 1/2 der genommenen Kartoffelmenge -
frische Lauchzwiebeln (je nach Geschmack)
entsprechende Menge ausgelassene Butter
(Zutaten sollen mindestens zu 2/3 mit Butter bedeckt sein.)

Entsprechend großer Römertopf (gut gewässert)

Fisch salzen, pfeffern (frisch gemahlen), mit Zitrone beträufeln (falls gewünscht)

Kartoffeln schälen, in viereckige Würfel schneiden, ebenfalls salzen und peffern

Lauchzwiebel ebenfalls klein schneiden,

gewürzte Kartoffeln u. Zwiebel in einer großen Schüssel gut vermengen, in den Römertopf füllen, Fisch oben drauf legen, gut mit Butter auffüllen und 35-45 Minuten in den Backofen (mittlere Schiene, 200-220°)

Als Beilage eignet sich ein Tomatensalat

Guten Appetit wünscht der Zonta – Club Bielefeld

Zonta ist ein weltweiter Zusammenschluss berufstätiger Frauen, die sich zum Dienst am Menschen verpflichtet haben. Unter dem Motto „Zonta ist Begegnung – weltweit" soll die Stellung der Frau im rechtlichen, politischen, wirtschaftlichen und beruflichen Bereich verbessert werden. *Zonta* ist überparteilich, überkonfessionell und weltanschaulich neutral. Der Club in Bielefeld wurde 1999 gegründet. 30 Frauen aus unterschiedlichen Berufen sind hier vertreten. Die Verlegung der „Stolpersteine" in Bielefeld geht auf die Initiative der Bielefelder Zonta-Frauen zurück.

Fisch von A-Z

Dies und das

Das Ende

Ein ganz besonderer Dank gilt noch einigen
Bielefelderinnen und Bielefeldern!

In erster Linie allen Radio Bielefeld-Hörern und
Rezeptgebern, die keine Mühe und Zeit gescheut
haben, mir ihr Lleblingsrezept zu spendieren und
„kleine Geheimnisse ihres Lebens" zu erzählen,

Werner Bartling (Kleine Plötze) für die Leihgabe einer
Lithografie, welche das kleine Vorwort ergänzt,

Gerlind Rehkopf (Firma Poggemeier) für Geschirr und
Besteck zur Gestaltung des Umschlags,

Herausgeber Hans Gieselmann, der von jedem verkauften
Buch etwas abzweigt, damit wir gemeinsam was für
Menschen tun können, die in Bielefeld leben und nicht
so lecker essen können.

Danke!

Radio Bielefeld
Jutta Küster   November 2007

Wenn Ihnen das Buch gefällt, empfehlen Sie es weiter.
Wenn nicht, sagen Sie es uns.
Das Buch gibt es im Bielefelder Buchhandel zum Preis von 9,90 Euro.
ISBN 3-923830-46-7
Bereits erschienen: Das Bielefelder Kochbuch 100% Lecker.